Maxime Du Camp

Une Femme de bien

La duchesse de Galliera

ISBN : 978-1721844951

10 9 8 7 6 5 4 3 2 1

Maxime Du Camp

Une Femme de bien

La duchesse de Galliera

Table de Matières

Comme la mythologie, la charité a son olympe ; les demi-dieux de la compassion y ont leur place. Depuis le 2 septembre 1431, date du testament par lequel Isabeau de Bavière lègue une somme de 8 sols parisis aux « pauvres enfants trouvés de Notre-Dame, » jusqu'à nos jours, ils sont nombreux, les bienfaiteurs qui pendant leur vie ou à la minute suprême ont pensé aux vaincus de l'existence et ont laissé de quoi en atténuer les misères. En dehors des sociétés de secours que chaque corps de métier semble s'ingénier à créer dans un dessein circonscrit, des dons considérables ont été faits et ont permis d'ouvrir des asiles où ceux qui ont travaillé sans fruit, avec imprévoyance, avec mauvais vent de fortune, trouvent du moins le repos et l'abri jusqu'à la dernière heure. Des personnalités considérables à plus d'un titre, mues peut-être par le souvenir de M. de Montyon, ont voulu assurer à leur nom une gloire peu fragile, dompter l'action du temps et subsister, par l'ampleur du bien fait, dans la mémoire des hommes. L'amour de soi-même, le désir de se survivre, ont pu être pour quelque chose dans leur générosité : qu'importe, si les malheureux y trouvent leur compte et si l'infortune y rencontre le secours qui l'empêche de devenir insupportable ? Quelques donateurs ont poussé la grandeur de l'offrande jusqu'à la magnificence. Ont-ils, par le luxe de leurs fondations charitables, voulu s'excuser du luxe de leur propre vie ; ont-ils rêvé d'associer les pauvres à des jouissances jusqu'alors inconnues pour eux ? Je ne sais. Ce problème, assez insignifiant par lui-même, je me le suis posé sans pouvoir le résoudre, en étudiant les œuvres somptueuses dont je vais parler.

I. — LA DUCHESSE DE GALLIERA.

D'origine génoise, la duchesse de Galliera était de haute lignée. Elle était issue par sa naissance de la maison de Brignole-Sale, à qui les illustrations n'ont point manqué. Par les lignes collatérales de ses ascendants, elle appartenait aux Spinola, aux Durazzi, aux Grimaldi. Elle eût pu se composer une galerie avec les portraits de ceux de ses aïeux qui avaient été doges et auxquels, à l'expiration de leur mandat, on était venu dire, selon l'invariable formule : *Come vostra serenita ha fornito suo tempo, vostra excellenza se ne vadi à casa.*[1] Ses alliances avec l'aristocratie d'Europe étaient nombreuses et lui ouvraient la porte de tous les palais souverains.

Son père, alors que le Piémont faisait partie de la France, fut conseiller d'état du premier empire. Plus tard, pendant la restauration, il revint à Paris en qualité d'ambassadeur du roi de Sardaigne Charles-Félix. Les hommes qu'il avait fréquentés au temps de sa jeunesse, pendant le règne de « l'usurpateur, » l'accueillirent avec empressement. Etait-il Sarde, était-il Français ? on ne s'en informait guère ; en lui on ne voyait, on ne voulait voir qu'un compatriote intelligent, aimable, très fin malgré la bonhomie de ses allures, dévoué à ce qu'on appelait alors les bons principes, dévot sans bigoterie et sachant atténuer par une courtoisie parfaite l'esprit d'opposition parfois acerbe des Génois. Les Pasquier, les Molé, les Broglie, étaient de son intimité. Son titre et ses fonctions de ministre plénipotentiaire d'un souverain ami et parent du roi de France lui interdisaient des critiques trop vives, mais en petit comité, avec ses amis d'élection, il déplorait le mouvement rétrograde qui repoussait les Bourbons vers des aventures redoutables. Si aux hommes éminents que je viens de nommer, on ajoute la fleur de la diplomatie, du faubourg Saint-Germain et de la littérature, on aura une idée de ce salon qui a laissé des souvenirs et dont la fille aînée du comte Brignole-Sale faisait les honneurs. Elle était fort adulée ; plus d'un jeune homme, bien en cour, portant un nom inscrit à l'armorial de d'Hozier, a dû regarder vers elle et rêver de lui faire perdre sa nationalité italienne. Lorsqu'elle fut en âge de se marier, elle épousa Raphaël Ferrari, marquis de Ferrari, qui devait devenir duc de Galliera.

Une légende avait cours dans la famille de l'homme à qui elle venait de s'unir. On racontait que le grand-père de celui-ci avait péri d'une façon tragique. Très riche, encore plus avare, il avait fait construire un caveau fermé par une porte de fer, à serrure compliquée, dont seul il connaissait le secret. C'est là qu'il entassait ses richesses, richesses métalliques qu'il aimait à manier et dont le bruissement sonnait à ses oreilles comme une musique exquise. Un jour qu'il était en bonne fortune, en tête-à-tête avec son trésor, la porte se referma sur lui. Le mécanisme d'ouverture était-il

---

1 « Comme Votre Sérénité a fini son temps, que Votre Excellence retourne en sa maison. »

placé à l'extérieur ; l'avare ne put-il le faire jouer ? fut-il pris d'une syncope ? on en est resté aux conjectures. Il fallut du temps pour découvrir l'ouvrier qui avait fabriqué cette serrure mystérieuse. Lorsqu'enfin on put l'appeler et qu'il accourut, le caveau était un sépulcre, le bonhomme y gisait, tordu par une dernière convulsion, et mort depuis plusieurs jours. Ce serait ce trésor qui aurait été le noyau autour duquel s'est cristallisée l'énorme fortune des Galliera.

La duchesse, — je n'ai pas eu l'honneur de la connaître, — était, m'a-t-on dit, une femme d'intelligence et de valeur réelles. Assez exaltée, aux heures de sa jeunesse, curieuse des choses de l'esprit, aimant les beaux-arts, apte aux vives causeries, se délectant à la sculpture, elle formait toute sorte de projets à la fois héroïques et charmants pour un fils qui lui était né et qu'elle avait l'intention de faire naturaliser Français, car elle adorait la France. L'enfant n'avait pas quinze ans, qu'il s'en était allé pour ne jamais revenir. La duchesse fléchit sous le poids de la plus grande douleur qui existe pour la créature humaine et faillit y succomber. A son chagrin s'ajoutèrent des troubles nerveux qui en furent la conséquence et qui, pendant longtemps, la laissèrent ébranlée, sans action sur elle-même, anéantie ou exaspérée, ne parvenant pas à se ressaisir.

De cet accès de désespoir date pour elle une modification profonde. On eût dit que sa jeunesse s'était effondrée d'un seul coup, emportant les espérances, les aspirations et les ardeurs de vivre. En sortant de cette crise, qui aurait pu être mortelle pour sa raison, elle sentit qu'elle n'était plus ce qu'elle avait été ; elle se cherchait et ne se retrouvait pas ; quelque chose était mort en elle, qui jamais plus ne devait revivre. Les frivolités si chères aux jeunes femmes, les rêvasseries où elles se complaisent, semblaient s'être éliminées d'elles-mêmes ; on pouvait croire qu'ayant touché le fond des désolations maternelles, elle y avait laissé tomber, pour toujours, le bagage des choses accessoires qui forme le principal souci des âmes frivoles. La causeuse brillante subsistait, ingénieuse et fine, mais plus ironique qu'autrefois et cuirassée d'une philosophie à la fois revêche et compatissante, qui souvent se révélait par le contraste de ses paroles et de ses actions. De sa souffrance était né un sentiment de pitié qui, malgré quelques boutades de scepticisme, se manifestait en toute circonstance. Elle comprenait la misère, la recherchait et s'y empressait. La commotion qu'elle avait subie avait dissipé bien des ténèbres et lui avait fait apercevoir quel devait être le but d'une existence opulente. Dès lors elle aima les pauvres, et les pauvres s'en aperçurent.

Elle possédait la force par excellence des sociétés démocratiques : elle avait la fortune. La parole qu'Aristophane place dans la bouche de Chremyle, s'adressant à Plutus, est vraie aujourd'hui, plus encore peut-être qu'au temps de la 99e olympiade : « Tous les arts, toutes les inventions viennent de toi. Est-ce que tout n'émane pas de toi-même ? Tu es la seule et unique cause de tout, sache-le bien. » Dans notre siècle si troublé et qui n'en reste pas moins un des plus grands de l'histoire, au milieu de convulsions qui ne sont que les efforts d'un état nouveau cherchant à se formuler, alors que la naissance ne compte plus, parce que la série des ancêtres n'implique pas la capacité des descendants ; alors que l'intelligence est dédaignée, parce que le nombre dicte la loi ; alors que la vigueur physique n'a plus qu'une valeur insignifiante en présence des prodiges de la mécanique, une seule puissance subsiste et s'impose, à laquelle tout est soumis, les individus, les nations, les gouvernements : c'est l'argent. Cette puissance, la duchesse de Galliera en a joui dans des proportions exceptionnelles. Non-seulement elle n'en a fait ni sot ni mauvais usage, mais elle l'a employée à donner satisfaction aux instincts les plus élevés d'un cœur ardent au bien. Que ceci soit dit à sa louange perpétuelle.

Ses bonnes œuvres, dont nul alors ne recevait la confidence, n'empiétaient en rien sur ce que l'on pourrait appeler ses devoirs de monde. Choyée par la haute société de Paris, appartenant à ce groupe un peu exclusif qui n'avait pas encore été à la fois entamé et renouvelé par plusieurs commotions politiques, elle tenait à honneur, comme disent les bonnes gens, de rendre les politesses qu'elle recevait et d'avoir un salon hospitalier sans excès où « les célébrités du jour » se pourraient rencontrer avec la compagnie un peu restreinte qui, des privilèges d'autrefois, n'a conservé que les préjugés. Elle était libérale, comme l'on disait alors ; mais j'imagine que son libéralisme ne franchissait pas certaines limites et qu'il eût regimbé si on lui eût parlé de la liberté de la presse, du droit de réunion et du suffrage universel. Ce libéralisme, du reste, dont elle faisait un peu parade, ne l'empêchait point d'être très aristocrate au sens vrai du mot ; malgré sa bienveillance, qui était sincère, elle ne parvenait pas toujours à émousser une pointe de hauteur qui ne blessait pas, mais qui apparaissait dans une phrase échappée à la chaleur de la conversation ou dans une attitude mal surveillée.

Après la révolution de juillet 1830 qui divisa la société parisienne en deux camps ennemis où les Étéocles de la légitimité et les Polynices du juste milieu échangeaient plus que des invectives, le faubourg Saint-Germain avait fermé ses hôtels ; le faubourg Saint-Honoré entre-bâillait ses portes et ne les laissait franchir qu'après que l'on eut montré patte blanche. La Chaussée-d'Antin eut un instant d'illusion et se crut appelée à l'honneur de se substituer à toutes les aristocraties ; les financiers avaient des grades dans la garde nationale, ils étaient invités chez le roi, et leurs femmes s'imaginaient avoir ressuscité les marquises de la cour de Louis XV, parce qu'elles jetaient leurs cotillons par-dessus les moulins. Cela ne dura pas et ne pouvait durer. Cette époque fut très singulière ; il serait intéressant de l'étudier, car elle mérite une histoire anecdotique ; elle n'a pas eu son Tallemant des Réaux, c'est regrettable ; mais il n'est peut-être pas trop tard pour le susciter.

Il n'est pas dans la nature française, la plus sociable qui soit au monde, de s'isoler et de bouder contre ses instincts. Malgré qu'on en eût et à travers des difficultés de convenances souvent pénibles, on se rechercha, on se réunit et l'art de la conversation, auquel on excellait alors, reconquit toute son élégance. On laissa les gens d'argent à la déception de leur tentative avortée, des groupes se formèrent où l'on vit briller des hommes dont la célébrité n'est pas éteinte et, comme l'on dit, les salons se rouvrirent : celui de la duchesse de Galliera, Française par ses habitudes, étrangère par sa naissance, offrait, grâce à cette double qualité, des conditions d'impartialité que nul ne dédaigna. C'était, en quelque sorte, un terrain neutre sur lequel on se rencontrait sans préjudice pour la bonne tenue de soi-même. Des gens fort bien nés et de façons correctes, mais d'opinions adverses, se retrouvaient, non sans plaisir, dans les appartements où la duchesse de Galliera savait, à force de bonne grâce et d'entregent, faire régner une tolérance courtoise. Ce n'était pas toujours facile, et à un certain moment sa tâche devint ardue. Le rapide dénouement de l'échauffourée de la Vendée, l'arrestation de la duchesse de Berry, vendue par Deutz, son internement à la citadelle de Blaye, où elle se dépitait sous la surveillance du général de brigade Bugeaud et du lieutenant Le Roy de Saint-Arnaud, deux futurs maréchaux de France, les bruits étranges que l'on commençait à répandre sur la santé de la prisonnière, avaient exaspéré les passions politiques ; les duels étaient fréquents entre journalistes d'opinions hostiles ; on ne discutait pas, on se querellait, pour ne dire plus ; la discorde était partout ; les consciences étaient anxieuses ; le choléra qui fauchait par la ville servait de prétexte à l'acharnement des calomnies ; les légitimistes et les républicains, se traitant mutuellement d'empoisonneurs, n'étaient d'accord que pour faire remonter jusqu'au pouvoir encore mal établi du roi Louis-Philippe la responsabilité de tous les désastres. Les gens de bonne compagnie eux-mêmes semblaient avoir oublié leur savoir-vivre ; la haine et le ressentiment les affolaient ; on se serait cru sur le point de revenir au temps d'Armagnac et de Bourgogne. Malgré ses efforts et l'habileté de son enjouement, la duchesse de Galliera ne parvint pas toujours à modérer l'ardeur des contradicteurs qui se rencontraient chez elle, et plus d'une fois son « terrain neutre » faillit être converti en champ clos. La période que la société parisienne eut alors à traverser fut d'une acuité extraordinaire et se prolongea, tout en s'affaissant un peu, jusqu'à l'attentat de Fieschi. L'horreur inspirée par la violence du forfait, le nombre des victimes, l'attitude héroïque du roi et de ses fils, éteignirent le feu des passions, et, sans désarmer les adversaires les plus violents de la dynastie de juillet, démontrèrent qu'elle était bienfaisante et digne de respect.

A la suite de l'émotion, — qui fut très profonde, — produite par l'explosion de ce que Fieschi appelait « sa belle mécanique, » une sorte de détente se fit dans les esprits ; en apparence, du moins, on devint plus calme, et l'expression des divergences politiques s'adoucit, d'autant plus que le ton des journaux se modifia subitement sous l'influence de lois sévères, — les fameuses lois de septembre, — que M. Thiers, ministre de l'intérieur, imposa au vote approbatif de la chambre des députés. Les salons recueillirent le bénéfice de ces événements et l'urbanité y reprit ses droits. Celui de la duchesse de Galliera en reçut plus d'importance ; les gens de robe, de plume et d'épée s'honoraient d'y être présentés, et souvent y venaient aux informations, car la qualité des personnages qui s'y empressaient permettait aux hommes sagaces de prendre le vent pour imprimer une direction à leur barque de fortune. Là on a serré le nœud des coalitions, stipulé des défaillances, exploité des préjugés, escompté des scrutins et construit ces chausses-trapes parlementaires où se laissent choir les niais de la politique et les dupes de leur ambition.

Pendant la période du second empire, le salon de la duchesse de Galliera fut de l'opposition, opposition discrète, épigrammatique et sournoise, sans danger pour ceux qui s'y divertissaient, sans inconvénient pour ceux qui en étaient le but ; opposition essentiellement française, où, — pardonnez-moi le mot, — « la blague » remplace le raisonnement, qui se cantonne volontiers dans les conversations lorsque le pouvoir a la main prompte et lourde, opposition qui date de longtemps en notre pays, qui renaît spontanément dès que les circonstances l'y invitent, qui ne s'est point ménagée dans les mazarinades et qui nous a légué les chansons dont le XVIIIe siècle s'est tant diverti. Cette opposition où se complaisent les oisifs a été, sous l'empire ressuscité, ce qu'elle avait été sous la Restauration, la joie de quelques coteries ; on colportait des bons mots et l'on riait ; un écrivain fut presque célèbre pour avoir dit de Napoléon III : « Celui que la pudeur m'empêche de nommer. » Rien de cela ne tirait à conséquence.

Pendant la guerre, après la guerre, la duchesse de Galliera fut généreuse sans compter ; un de ses amis me disait : « Elle donnait à outrance. » Si elle y mit quelque ostentation, l'ampleur de ses dons en fut augmentée ; les malheureux ne s'en plaignirent pas. Son cœur était droit, son âme était haute ; on le vit bien lorsque, devenue veuve à la fin de 1876, elle se trouva maîtresse de la fortune immense qui désormais lui était acquise. Elle eut quelques désillusions lorsqu'elle en constata les origines, ou, pour mieux dire, le prodigieux accroissement. Les millions primitifs qu'elle avait trouvés dans sa corbeille de mariage s'étaient multipliés par des spéculations habiles, par d'heureuses entreprises, et avaient produit une somme tellement énorme que pour la renfermer il eût fallu centupler les dimensions du caveau où le vieux Ferrari avait expiré jadis. Ce fut sans doute en reconstituant les actes de naissance de ses richesses qu'elle se résolut à des œuvres de charité multiples qui seraient, en quelque sorte, un acte de renoncement et d'humilité. On pourrait croire qu'elle regretta que son mari ne se fût pas inspiré de la parole de la reine Marie Leczinska : « Il vaut mieux écouter ceux qui nous crient de loin : Soulagez notre misère, que ceux qui nous disent à l'oreille : Augmentez votre fortune. » Elle se dépouilla avec passion. Semblable à ces hauts et puissants seigneurs d'autrefois, qui, après avoir vécu dans les splendeurs de ce bas monde, se couchaient sur la cendre à l'heure de la mort et revêtaient l'habit de saint François, elle s'enveloppa de charité et mourut en répandant des bienfaits.

La part qu'elle s'est plu à faire aux malheureux a été d'une largesse souveraine. C'est ici qu'éclate sa volonté d'être secourable et que se montre la noblesse de son âme que nulle désillusion n'a pu étioler. Au cours de sa vie et de sa bienfaisance, elle a été souvent trompée. Elle était de celles dont on abuse facilement, car elle avait naturellement la main ouverte, donnant parfois à tort, souvent à travers, se laissant duper, le sachant et ne faisant qu'en rire. Elle n'ignorait pas que richesse oblige. On lui démontrait que ses aumônes s'adressaient mal et tombaient entre les mains des faux indigents ; on avait beau l'avertir et l'admonester, elle n'en distribuait pas un sou de moins. Elle avait la générosité incorrigible et les fainéants ont beaucoup perdu à sa mort. Elle savait que derrière ce troupeau de quémandeurs, toujours à l'affût d'une aubaine, il existe de vrais misérables, dignes de toute pitié, et que plutôt que de s'exposer à ne point leur venir en aide, il vaut mieux accumuler les excès d'une bonté qui ne veut pas se réserver. C'est à ce sentiment que l'on doit les œuvres entreprises au cours de ses dernières années et qui ne sont entrées en vigueur qu'après sa mort. Elle s'est émue surtout de deux faiblesses : l'enfance, pleine d'ignorances, c'est-à-dire d'erreurs conduisant au péril ; la vieillesse saturée de déceptions, c'est-à-dire de regrets et de rancunes qui mènent au désespoir. Aussi sa pensée suprême fut pour les vieillards dénués, pour les hommes dont la vie s'est usée dans le dévouement, pour les enfants orphelins. Elle les avait aimés pendant son existence, elle voulut continuer à les secourir d'au-delà du tombeau. Elle le fit sans effort, pour se plaire à elle-même, car la charité procure de telles jouissances que rien n'en peut décourager ceux qui l'ont exercée pour leur propre satisfaction.

De son amour du bien, appuyé sur une opulence qui défiait les obstacles, sont sorties trois œuvres que nous allons successivement faire connaître.

II. — L'HOSPICE FERRARI.

Lorsque l'on a suivi, à Clamart, une longue rue peu alignée et mal pavée, on arrive devant une église offrant des vestiges de l'architecture du XVe siècle, qui devait être autrefois englobée au milieu de maisons que l'on a fait disparaître. Le terrain est aujourd'hui déblayé et forme une place assez large au fond de laquelle on aperçoit une vaste construction précédée par une cour close d'une grille ; c'est l'hospice Ferrari. L'aspect en est lumineux et gai ; l'ensemble a une apparence de bonne humeur qui séduit. Malgré le souci de la forme, qui est d'une rare élégance, à la fois sérieuse et simple, comme il convient à la destination de l'édifice, on peut affirmer, avant même d'avoir franchi le seuil, que l'on s'est, avant tout, préoccupé des principes les plus féconds de l'hygiène. On sait d'avance que ceux qui sont venus là chercher leur dernier refuge ont l'espace sans lequel les maisons hospitalières, si souvent encombrées, ne sont que des prisons où la vie en commun, trop pressée, sans isolement possible, n'apporte pas le repos auquel on aspirait. L'hospice Ferrari est l'œuvre de M. Ginain, de l'Institut ; on ne saurait trop l'en louer.

Tout est de dimensions très vastes dans cette maison ; je le dis une fois pour toutes, afin de n'avoir plus à y revenir. Elle est destinée à recevoir cent vieillards, cinquante femmes, cinquante hommes, et à les hospitaliser jusqu'à la dernière heure. S'il en est là quelques-uns ou quelques-unes qui aient traversé les agglomérations de Bicêtre et de la Salpêtrière, ils doivent bénir la duchesse de Galliera et l'architecte qui a si bien compris ses intentions. D'un coup d'œil on embrasse l'ordonnance de l'édifice : un bâtiment réservé aux services généraux prend jour sur la place de Clamart ; à droite et à gauche, une aile très allongée qui ressemble à une galerie ; celle de droite appartient aux femmes, celle de gauche est attribuée aux hommes ; entre les deux, verdoie un jardin qu'une grille, à hauteur d'appui, sépare en parties égales. Au moindre rayon de soleil, tout s'éclaire et semble sourire. Ce n'est pas peu de chose, pour ceux que l'existence a harassés, de vivre dans un milieu qui n'est ni renfrogné ni morose, où la lumière se joue sur les murailles blanches, où les fleurs s'épanouissent, où le bruissement des grands arbres semble parler des souvenirs d'autrefois. La plante humaine, surtout lorsqu'elle fléchit déjà sous le poids des années, s'étiole dans les habitations sombres et froides ; elle se replie sur elle-même, contemple sa décrépitude et se désespère. Pour les vieillards, la clarté est une distraction, le soleil est une joie, la chaleur est un bienfait. On ne les leur a pas ménagés, et c'est ce qui donne à cette maison je ne sais quoi de bienveillant qui invite à entrer et engage à ne plus sortir. J'y insiste, car j'ai été fortement impressionné. Je voudrais que la commission des logements insalubres vînt étudier cet hospice, afin d'en recommander l'aménagement aux futurs asiles que l'on ouvrira à la vieillesse.

Après avoir franchi la cour, où s'élève un pavillon destiné au portier, on pénètre dans un vestibule tel qu'en temps de pluie tous les pensionnaires pourraient s'y promener à l'aise. Il donne accès à un escalier qui n'affecte, selon la mode d'aujourd'hui, aucune apparence monumentale ; il est ce qu'il doit être, large, muni de rampes solides et de degrés faciles à franchir ; il ne faut pas que les pauvres vieux soient obligés de trop lever les jambes. Dans un atelier bien organisé tout doit être combiné pour faciliter le travail de l'ouvrier ; dans un hospice, conçu avec intelligence et bonté, tout est disposé pour éviter la fatigue. Si l'on pouvait capitonner la vie des malheureux recueillis aux dernières limites de l'âge, on ne ferait que porter secours à la débilité et, dans bien des cas, réparer les injustices du sort.

Ma première visite fut naturellement pour la supérieure. Elle me reçut dans un parloir qui a figure de salon, qui n'a rien de la sécheresse glaciale du parloir des communautés religieuses et qui, dans certaines circonstances, doit servir de salle de délibération aux membres de la commission de surveillance. Il y a des fauteuils sérieux et une table couverte d'un vrai tapis ; à la muraille on a suspendu un portrait photographique de la duchesse de Galliera, et un assez médiocre tableau de l'école italienne du XVIIe siècle dont j'ai oublié le sujet. La supérieure a la haute main sur la maison, elle en administre les finances et en dirige le personnel. Elle appartient à la congrégation des filles de la Sagesse, que fonda Grignon de Montfort en lui donnant une règle spéciale que Benoît

XIV approuva en 1701. L'existence légale de l'ordre n'a jamais été contestée, car elle lui fut assurée par Louis XIV, puis, après la Révolution, par Napoléon Ier et par les différents gouvernements qui se sont succédé en France. Les sœurs sont institutrices et hospitalières, c'est dire qu'elles sont aptes et appelées à exercer toutes les œuvres, quelles qu'elles soient, que comporte la charité. Elles sont dans la crèche, près du berceau des enfants nouveaunés, elles sont aux écoles gratuites, à l'infirmerie des maisons d'éducation, aux hôpitaux civils, aux ambulances de la guerre, aux hospices, comme à Clamart ; elles sont partout où l'on a besoin de dévouement et d'abnégation. Leur maison mère est à Saint-Laurent-sur-Sèvres, dans le département de la Vendée, près de la sépulture du fondateur. Elles se recrutent dans toutes les classes de la société ; la fille de la fermière et la fille de la marquise y côtoient fraternellement la fille du petit boutiquier, et, — comme je l'ai vu, — la fille du général. A la finesse des mains, l'on ne peut reconnaître l'origine, car les pénibles besognes ont promptement fatigué les ongles et gercé la peau. Une seule catégorie de femmes est exclue du noviciat, ce sont celles qui ont été en condition, c'est-à-dire au service d'autrui. Nul dédain dans cette mesure, qui est absolue et n'a jamais souffert d'exception ; mais on a remarqué que « l'esprit de domesticité » ne comporte pas l'oubli de soi-même, la volonté de renoncement et l'entraînement à se dévouer, qui sont indispensables à l'état de vie des filles de la Sagesse. Actuellement la congrégation compte 4,000 religieuses réparties en France, en Haïti, en Belgique et au Canada.

La supérieure m'a paru une femme d'intelligence très ouverte, ayant vécu au milieu des misères humaines, les connaissant, en ayant pitié, s'ingéniant à les secourir par impulsion naturelle autant que par devoir, indulgente à force d'expérience, et gaie comme la plupart de celles que leur vocation entraîne au soulagement actif de l'infortune. Pendant qu'elle me parlait de ce grand domaine de charité qu'elle est fière de gouverner, pendant qu'elle m'expliquait que chaque mois elle rend des comptes détaillés au conseil d'administration, je la regardais et j'étais frappé de la vivacité de son esprit, de l'entrain de sa parole, je retrouvais en elle tous les signes qui indiquent l'amour de l'œuvre entreprise et le désir d'en étendre le bienfait au plus grand nombre possible de malheureux.

C'est là ce qui les tourmente toutes, ces sœurs hospitalières que j'ai vues dans tant de maisons secourables ; la suprême jouissance qu'elles cherchent en ce monde, ce serait de pouvoir accueillir tous ceux qui souffrent, consoler tous ceux qui pleurent, relever tous ceux qui tombent. Pour les admirer et les vénérer, il n'est pas nécessaire d'avoir la foi ; la bonne foi suffit d'où naît l'esprit de justice. Le costume des Filles de la Sagesse est plus austère, j'allais dire plus triste, que celui de bien des congrégations de femmes : un corsage à courtes basques, un jupon plissé, taillés, tant bien que mal, dans une grossière étoffe de laine grise, sont un peu égayés par le tablier blanc dont la bavette remonte jusque près du cou ; le rosaire pend à la ceinture ; la cornette aux ailes éployées couvre la tête, où nulle trace de chevelure ne se laisse deviner ; de fortes chaussures enserrent les pieds, toujours en marche pour le bien ; un crucifix, qui m'a semblé lourd et trop volumineux, est enfoncé dans la bavette, comme une arme défensive qui protégerait le cœur contre l'attaque des pensées douteuses.

Lorsque j'ai visité l'hospice Ferrari, au mois de mai 1889, la maison ne contenait que 64 pensionnaires, dont quatre ménages : 30 femmes et 34 hommes ; on attendait, et l'on se préparait à recevoir 20 nouveaux-venus. Peu à peu le recrutement se fera, car ce ne sont pas les demandes d'admission qui font défaut, et le chiffre de 100 vieillards désigné par la donatrice sera atteint. Dès lors la population privilégiée sera au complet, et des vacances seules permettront de faire place aux postulants. Pour conduire ce troupeau enfin abrité dans le bercail, après les heurts de l'existence, neuf sœurs suffisent, dont plusieurs exercent des fonctions déterminées à la lingerie, à l'infirmerie, à la cuisine. La discipline m'a paru fort douce, appropriée à de pauvres êtres auxquels la destinée n'a pas été clémente, et elle est acceptée avec déférence.

Là, comme en toute maison mixte où les deux sexes sont hospitalisés dans des quartiers séparés, j'ai remarqué que les hommes sont plus soumis que les femmes ; celles-ci regimbent souvent, ceux-là s'inclinent et ne murmurent jamais. La Fille de la Sagesse qui a le commandement du peloton masculin n'a qu'un signe à faire pour être obéie ; on reste confus devant un de ses regards plus sévère que d'habitude, et, en voyant son doigt se lever on est tenté de rentrer sous terre. Cette puissance, qui semble recherchée par ceux qui la subissent, est d'autant plus remarquable que la sœur qui l'exerce est petite et mièvre, mignonne, comme l'on dit au pays angevin, avec un joli visage qu'animent deux yeux très vifs ; sa tête disparaît presque sous sa cornette, et son corps svelte ne se laisse même pas deviner derrière les plis de sa robe de bure. Elle va, elle vient, elle trottine dans les couloirs, veillant à tout, agile, rapide, douée de la double activité de la jeunesse et du bon vouloir. Plus d'un vieux pensionnaire, la voyant passer, la suit d'un regard attendri. Si l'on remplaçait cette sœur accorte et charmante par un religieux, si doux qu'il fût, je me figure que la discipline en pourrait souffrir.

Il faut reconnaître, du reste, en thèse générale, que l'homme accepte l'adversité avec plus de résignation que la femme. Sa lutte ayant été plus persistante et plus dure, il se sent plus vaincu. L'expérience lui a enseigné qu'il n'est pas assez vigoureux pour vaincre ses vices ou son destin ; il se l'est tenu pour dit, il reste écrasé, et lorsque parfois il jette des yeux jaloux sur les existences paisibles auxquelles il n'a pu atteindre, il se contente de dire : je n'ai pas eu de chance, excuse banale de tous ceux qui ont mal dirigé leur vie. Cantù a dit : « Pour les hommes qui pensent, la vie est une comédie ; elle est une tragédie pour ceux qui sentent. » D'accord ; mais il faut quelque supériorité d'intelligence pour être, si peu que ce soit, Démocrite ou Héraclite. Je ne serais point étonné que les pensionnaires de la maison de Clamart n'eussent jamais pensé, au sens scolastique du mot, et je crois que, s'ils ont senti, c'est plus par la sensation que par le sentiment. Tragique ou comique, l'existence leur est restée incompréhensible ; ils n'y ont vu qu'une série de défaites, de tentatives malheureuses qui conduisaient au désastre, une suite d'aventures médiocres dont on sortait amoindri et découragé. Ils en sont restés abrutis, n'étant préoccupés que de la satisfaction de leurs besoins quotidiens peu exigeants, et ils ne se déplaisent point dans un hospice qui y pourvoit, sans imposer aucun labeur en retour, ce qui leur permet de végéter dans une paresse où ils trouvent peut-être des jouissances que nous ne soupçonnons pas. Si par hasard un philosophe s'est échoué parmi eux, il sait qu'il est inutile de se révolter contre la tyrannie de l'âge, et, plus que ses compagnons encore, il se résigne. Pour ces motifs, qui sont d'ordre moral, les vieillards sur lesquels l'hospice

Ferrari a refermé ses portes secourables témoignent d'une docilité exemplaire.

Une seule fois on s'est trouvé en présence d'un de ces esprits rétifs que ni la misère ni la bienfaisance n'ont pu dompter. Il devait avoir ces goûts de vagabondage qui deviennent une passion et parfois même une impulsion irrésistible. Le bonhomme était de nature irascible ; la discipline et la privation de liberté sans contrôle l'avaient exaspéré ; il ne rêvait que vengeance. Contre qui ? Contre ceux qui lui avaient nui au cours de sa vie ? Non pas : contre ceux qui soignaient sa vieillesse et l'arrachaient au dénuement. Non-seulement cet insurgé de l'hospitalité se plaignait de tout : de la nourriture, qui ne lui convenait pas ; du vin, qui était mesuré avec trop de parcimonie ; de la maison, qui était trop neuve ; des sœurs, qui étaient trop pieuses ; de ses camarades, qui étaient trop bêtes, mais il menaçait de faire appel, dans les journaux, à « l'opinion publique, » et il écrivait : « Sachez que j'ai des pilules pour empoisonner tout le monde. » Au lieu de mettre cet énergumène à la porte et de le faire diriger sur Bicêtre, section des agités, on pensa à l'existence lamentable qui l'attendait hors de l'hospice et l'on en eut pitié. La supérieure le fit venir et le morigéna. Avec le charme pénétrant de l'intelligence féminine, elle attendrit cette âme rebelle ; à cet homme, qui jurait mort et massacre, elle parla de sa vie passée, elle montra les affres de la vie vers laquelle il semblait vouloir retourner, elle l'émut et reçut le serment de ne jamais plus s'abandonner à des billevesées coupables ; il a tenu parole, et depuis lors il est en repos. Il est possible que le diable n'y perde rien, mais du moins il ne le laisse point paraître.

Chez la femme, la révolte est si rare, qu'on peut dire qu'elle n'existe pas ; en revanche, le murmure est permanent, et les exigences sont parfois déraisonnables. Bien plus que l'homme, la femme a vécu d'illusions et de rêvasserie ; aussi, chez elle, la déception est plus profonde, plus amère surtout, et n'a rien enlevé aux prétentions, qui subsistent parfois jusque dans la caducité. Une actrice de trentième ordre, morte aujourd'hui, avait été une des premières pensionnaires de la maison Ferrari. C'était une bonne femme, empressée à se soumettre, point encombrante malgré ses jupes qu'elle faisait bouffer plus que de raison. Elle alla se confesser, mais en plusieurs fois ; comme on le lui reprochait en souriant, elle répondit : « Ce pauvre aumônier, je ne veux pas le fatiguer ; j'en ai tant à lui dire, et puis ça me fait mal aux genoux. » Elle ne se plaignait de rien, celle-là, et trouvait tout à sa convenance, mais il fut impossible de l'empêcher de se « maquiller » tous les matins. Aux observations à la fois douces et ironiques qu'on lui adressait, elle répliquait : « C'est plus fort que moi, je ne puis pas m'en empêcher ; quand je n'ai pas ma poudre de riz, il me semble que je suis toute nue. » On la laissa faire et l'on fit bien. Une autre réclamait, et réclamait avec mauvaise humeur, un petit verre de chartreuse après chacun de ses repas, parce qu'elle en avait l'habitude et qu'elle ne pouvait « s'en passer ; » elle s'en passa.

Bien souvent chez la femme, même lorsque la volonté est abolie, l'entêtement subsiste. Elle marche imperturbablement vers son but ; rien ne l'en détourne : ni les obstacles, ni les objurgations, ni les menaces, ni les prières. Elle va, elle va, un peu à la façon des hallucinés, ne voyant rien que ce qu'elle veut voir. Si l'on se refuse à lire ses lettres, elle les multiplie ; si l'on ne consent pas à l'écouter, elle crie pour être entendue ; vingt fois, cent fois, avec une sorte d'inconscience morbide, elle revient à la charge dans l'espoir d'obtenir, n'importe par quels moyens, ce qu'elle sait cependant qu'on ne lui accordera pas. Elle s'expose aux avanies, aux rebuffades, avec une persistance qui parfois fait douter de son intégrité mentale. Malgré tout, l'illusion ne peut mourir en elle. Bien souvent, au cours de sa vie, elle a lâché la proie pour l'ombre et elle a eu cruellement à s'en repentir. Cela n'y fait rien. On dirait qu'elle a le vertige du déboire et qu'elle y court, poussée par une sorte d'instinct naturel. Ces caractères-là ne sont pas très rares parmi les vieilles femmes admises dans les maisons hospitalières. Ce n'est pas du jour au lendemain que ces créatures sans pondération s'accoutument à la vie réglée, à la discipline, à certaines privations qui, entre toutes, leur sont pénibles. Sous ce rapport, elles mettent en pratique la boutade : « Il n'y a de nécessaire que le superflu. » Pendant l'hiver dernier, une Anglaise, arrivée depuis peu de jours à Paris, fut atteinte de variole maligne ; on ne put la garder dans l'hôtel garni où elle avait pris logement, on la transporta à l'hôpital Saint-Antoine ; elle y fut soignée et guérie. Chaque jour elle demandait un verre de gin, qui, naturellement, lui fut refusé, car le médecin qui la traitait ne pouvait risquer d'aggraver la maladie ni d'entraver la convalescence. Une fois retournée en Angleterre, elle écrivit dans les journaux de son pays que le système des hôpitaux parisiens était barbare et que les Français composaient une nation de sauvages. C'est pousser un peu loin la rancune du genièvre.

Flétrie par l'âge et par la longue misère que trop souvent il a fallu supporter avant de trouver place dans un asile, la femme tombée en hospitalité cherche à abuser les autres et finit par s'abuser elle-même sur la situation qu'elle a jadis occupée. Elle soupire avec discrétion, lève les yeux au ciel et dit : « Ah ! si l'on savait qui je suis et ce que j'ai été ! » Volontiers, elle laisserait soupçonner qu'elle est la fille de la princesse de Samarcande et du maharadja de Taprobane. En revanche, si ces malheureuses qui vivent dans un songe perpétuel sont dupes de leur propre comédie, elles ne le sont pas de celle des autres. Il y a longtemps, à la Salpêtrière, sur le « terrain, » qui est le lieu planté d'arbres et bien ombragé où les « administrées » se réunissent pour bavarder, j'écoutais deux vieilles sempiterneuses, comme disait Rabelais, qui se racontaient les splendeurs de leur jeunesse. L'une disait : « Penser que je suis ici, moi qui avais une voiture à quatre chevaux ! » L'autre riposta : « Une voiture à quatre chevaux ! La belle affaire ! Moi qui vous parle, je ne sortais jamais qu'en cabriolet à six chevaux ! » On échangea des démentis et des injures qui sentaient le graillon ; puis on se gourma, et lorsque l'on sépara ces deux Clorindes octogénaires, elles avaient en mains quelques poignées de cheveux. L'hyperbole n'est pas toujours aussi pompeuse, mais l'expression se gonfle et dépasse la pensée, ce qui se produit souvent chez les gens sans instruction qui s'étudient à bien parler pour donner bonne opinion d'eux.

Toutes ne sont pas ainsi, je me hâte de le dire ; si cette monomanie des grandeurs rétrospectives qui, le plus souvent, ne se manifeste que dans les causeries confidentielles, est fréquente, elle n'est pas générale, et j'ignore si l'hospice Ferrari contient quelques-unes de ces illuminées de leurs propres fables. Les plus malheureuses parmi ces malheureuses, là comme dans les autres maisons d'hospitalité, sont celles qui ont joui d'une mince position bourgeoise qu'elles ont perdue. Elles ont eu quelques rentes dont elles ont pu vivre ; elles ont été servies par une femme de ménage, peut-être par une « bonne ; » elles ont eu leurs meubles dans un appartement à elles ; le dimanche elles ont reçu quelques amies avec lesquelles on partageait une tasse de café ou un verre de bière ; mais on a voulu augmenter son bien-être, on a lu, sans trop les comprendre, des prospectus financiers, on a eu confiance dans des valeurs tarées qui promettaient de gros bénéfices et on a été ruiné, — rasé comme elles disent, — faute de connaître cette loi économique absolue en vertu de laquelle tout placement d'argent qui, en dehors de l'industrie, rapporte plus que l'intérêt légal, ne le rapporte qu'au détriment du capital. Il est superflu de désigner les spéculations trop tambourinées où s'est engloutie l'épargne du petit monde ; si ceux qui ont produit ces « krachs » successifs dorment tranquilles, c'est qu'ils ont la conscience coriace. Les femmes qui ont subi ces désastres, qui ont vu disparaître leurs maigres revenus, que le souvenir et les regrets leur montrent comme une véritable « opulence, » ces femmes sont inconnaissables dans les asiles où elles ont trouvé l'abri, le pain quotidien et les soins en cas de maladie. Elles s'isolent volontiers loin de leurs compagnes et, si elles s'en rapprochent, on les distingue à leurs faux chignons, à leurs talons élevés et même à ces appendices dont la mode déforme les toilettes féminines. C'est tout ce qu'elles ont sauvé du naufrage, elles y tiennent et s'en parent comme d'un insigne de leur supériorité sociale, comme d'une protestation contre l'inclémence du sort. Plusieurs d'entre elles n'ont pas eu le courage ou l'esprit de se plier à leur destinée nouvelle ; elles ont de la hauteur et ne savent point dissimuler le dédain que leur inspire « la vilaine compagnie » avec laquelle la règle les contraint de vivre. Volontiers elles disent : « Une femme comme moi avec de telles gens ! » Elles croient témoigner ainsi de leurs bonnes manières et ne font acte que de sottise. On s'en raille ; on les surnomme : la marquise, ou Mme Pimbêche ; on se tait lorsqu'elles approchent, et dans la salle commune on ne leur fait place qu'en rechignant. Elles s'ennuient, elles se dépitent et ne s'aperçoivent pas qu'elles se sont elles-mêmes rendu la vie insupportable. On les sermonne, on les rappelle à l'indulgence, peine perdue ; la vanité domine et les maintient dans leur mauvaise attitude : ce qui fait que l'on ne peut guérir les gens de leurs défauts, c'est qu'ils ne les soupçonnent même pas. Pour ces pauvres créatures qui vivent de l'amertume de leurs souvenirs, qui se croient pétries d'une autre pâte que celle du commun des mortels, le devoir est tout tracé, et en l'accomplissant elles allégeraient leurs soucis. Si elles se sentent ou se croient supérieures aux autres pensionnaires, qu'elles en deviennent les amies, les confidentes et les conseils ; qu'elles leur apprennent à bénir la mémoire des bienfaiteurs qui leur ont assuré la tranquillité des derniers jours, qu'elles leur enseignent la reconnaissance qui est une vertu rare, souvent défaillante et qu'il ne faut jamais laisser péricliter ; en un mot, qu'elles soient les tutrices des vieux enfants auxquels le hasard les a mêlées ; elles s'en trouveront bien et porteront la vie avec plus de légèreté : consoler le malheur d'autrui, c'est diminuer le poids de ses propres infortunes.

Comme je passais dans un de ces larges couloirs baignés de lumière qui servent de dégagement à toutes les salles de l'hospice Ferrari, j'ai rencontré les hommes, « les bons petits vieux ; » ils venaient de terminer leur repas et sortaient de la salle à manger. Ils ne sont point décrépits ; plusieurs ont l'allure encore verte : ils ont porté la main à leur bonnet et se sont inclinés devant la supérieure qui les a accueillis d'un sourire. Un seul s'est arrêté, a fait face et a salué avec quelque prétention ; dans le port de la tête, dans l'attitude générale du corps, il avait quelque chose de voulu et d'étudié. Je crus à un maître de danse tombé en détresse ; je me trompais. Il a vécu dans une maison royale, ou peu s'en faut ; il y a enseigné, non pas les entrechats, mais l'équitation ; des princes ont été ses élèves et sont devenus d'excellents cavaliers ; de ses fonctions passées il a conservé l'habitude des belles révérences et d'un maintien correct. Par quelle suite de hasards, par quel oubli, par quelle aventure est-il venu solliciter un refuge à Clamart ? Je ne l'ai point demandé.

Deux fois par semaine, le parloir est ouvert aux visiteurs, et les vieillards ont droit à une sortie hebdomadaire. Les cas d'ivresse sont tellement rares, les jours de congé, que l'on n'en a signalé que deux depuis que l'hospice est ouvert. On se lève à sept heures, on se couche à huit ; cette règle n'est point pour les sœurs, qui, chaque jour, hiver comme été, sont debout à quatre heures du matin ; à neuf heures du soir, tout le monde dort. Les repas, dont le menu est déterminé par la supérieure, sont au nombre de trois : le déjeuner, composé d'une soupe, de café au fait ou de chocolat ; le dîner, qui comporte une soupe, un plat de viande, un plat de légumes, du dessert, et 30 centilitres de vin ; le souper avec une soupe, un plat de viande ou d'œufs, un plat de légumes, du fromage, du laitage ou des fruits cuits ; du vin comme au dîner.

Les réfectoires sont amples ainsi que les salles où l'on peut se réunir pendant les temps froids ou pluvieux. Par les jours tièdes, les pensionnaires se tiennent de préférence dans une longue galerie vitrée qui côtoie le jardin ; les hommes et les femmes vivent séparés et peuvent s'apercevoir dans le jardin qui est suffisamment grand et profite de la verdure des parcs voisins. On m'a paru bien désœuvré dans la division des vieillards ; la femme a toujours en poche quelque tricot, quelque soutache au crochet dont elle peut se distraire ; l'homme est plus difficile à occuper ; les travaux manuels auxquels il a été accoutumé exigent en général un outillage encombrant ; où placer l'établi des menuisiers, la forge des serruriers, la cuve des dégraisseurs ? Il faudrait organiser des ateliers spéciaux, ce qui n'est point possible. Je voudrais que l'on mît à leur disposition des jeux de quilles, des jeux de boules qui, tout en les amusant, leur permettraient d'entretenir ce qui reste d'élasticité dans les membres.

Les dortoirs offrent une excellente disposition hospitalière. On y dort en commun, et cependant chacun y est isolé. Ils forment une série de larges cellules qui s'ouvrent sur un couloir, chacune d'elles est fermée par un rideau faisant office de porte et munie d'une haute fenêtre ; toutes ces alvéoles sont séparées l'une de l'autre par une cloison qui ne monte pas jusqu'au plafond, de sorte que chaque pensionnaire est indépendant de ses voisins, dont il peut néanmoins être entendu en cas d'alerte ou de mal subit. Tout est prévu, du reste, pour porter immédiatement secours à un vieillard qui appellerait à l'aide : un infirmier couche à l'extrémité de chaque étage des pavillons, à l'entrée même du dortoir, et il peut, à l'aide d'une sonnette, communiquer avec les sœurs chargées du service de nuit. Cette disposition, je le répète, est ingénieuse et en progrès sur ces chambrées inhumaines où les hospices sont le plus souvent réduits à entasser leurs pensionnaires ; combien cependant je préfère la chambre close, personnelle, que j'ai vue à la maison de retraite israélite de la rue Picpus. La possibilité de rester parfois seul dans son chez-soi, de s'y absorber dans le bercement des souvenirs, est le plus grand bienfait que l'on puisse offrir à ces vieux hommes et à ces vieilles femmes que la vie a surmenés. Je suis entré dans plusieurs cellules des dortoirs ; elles sont bien meublées, la literie en est presque luxueuse ; çà et là aux murailles, sur la table une photographie, un portrait, un objet que l'on conserve précieusement comme un témoin du temps passé. Nulle part je n'ai aperçu de livres. — Pour certains cerveaux, la lecture est une fatigue insupportable. — Tout est bien dans ces cellules, tout est propret, tout est confortable, on y dort dans de bons draps blancs et sous de chaudes couvertures. En visitant ces dortoirs, je me souvenais de « la chambre des treize » et de « la forêt noire » que j'ai vues il y a vingt ans à la Salpêtrière, et je pensais que les hôtes de la duchesse de Galliera ne soupçonnent pas leur bonheur.

La chapelle, dont les murs sont revêtus d'un enduit de nuance très douce, est simple dans son ordonnance et grandiose dans son aspect général. Je ne lui adresserai qu'un reproche qu'elle ne mérite guère : elle est trop jeune ; elle n'inspire pas ce recueillement involontaire que l'on ressent dans les vieilles églises auxquelles leur âge même ajoute quelque chose de solennel qui fait défaut à presque tous les édifices religieux modernes, si beaux qu'ils soient, à la Madeleine comme à Notre-Dame de Lorette, comme à Saint-Vincent-de-Paul, comme à bien d'autres. Lorsque les années auront passé sur la chapelle de la maison de Clamart, lorsqu'elles lui auront donné leur inimitable patine, lorsque le chêne des boiseries aura bruni, elle sera irréprochable et fortifiera le renom de l'architecte qui l'a construite, en ne s'inspirant que de ses propres conceptions. Les meubles sont de choix, nulle part je n'ai aperçu un morceau de bois blanc ; partout du chêne plein, pour les bancs, pour les tables, pour les sièges, pour les armoires ; grosse dépense, j'en conviens, mais plus forte économie encore, lorsque les matériaux employés sont de trempe si résistante qu'ils défient l'action du temps. C'est du luxe solide, sans mièvreries ni futilités ; là tout est utile, et la sobriété de l'ornement semble y apporter quelque chose de vigoureux.

Dans la pharmacie plane un parfum de sauge et de fleur de tilleul. C'est le domaine d'une sœur qui compose les lochs, roule les pilules et prépare les tisanes ; elle est gaie, avec un beau sourire et des yeux magnifiques. Elle est bonne dentiste, en outre, et manie avec adresse ces instruments de torture que l'on nomme la clé de Garengeot et les daviers. Je crois bien que les vieilles pensionnaires rôdent souvent autour de ses jupes dans l'espoir d'attraper quelque sucre d'orge sous prétexte de toux chronique et de catarrhe invétéré.

Elle ne doit pas être trop sévère, car la gourmandise réduite à de si minces proportions n'est plus un péché capital. La lingerie est à faire damner d'envie les ménagères de province, qui disent en se rengorgeant : « Mon seul luxe, c'est le linge. » Là, dans cette immense salle garnie de casiers et munies de tables, on n'aperçoit que de la toile, de la bonne et belle toile de Vimoutiers, forte, souple, et ne redoutant ni l'usage ni la lessive ; les vieillards ont parfois quelque peine à s'y accoutumer, ils préféreraient le coton, qui est plus mol au toucher et plus chaud ; ils ont importé à l'hospice le mot de l'argot parisien, et pour eux la chemise, c'est « la limace. » La provision de linge est telle qu'il se passera bien des années avant que l'on soit obligé de la renouveler. Les yeux de la supérieure brillaient de joie pendant qu'elle me le montrait et m'en faisait remarquer l'abondance. Le blanchissage se fait dans une buanderie à vapeur énorme, isolée en un pavillon spécial, aménagée selon les ressources les plus récentes de la science industrielle, épargnant les forces des ouvrières, coûteuse assurément, mais payant son prix par les services qu'elle rend, car non seulement elle reçoit le linge de l'hospice, mais celui de la maison de retraite et de l'orphelinat Saint-Philippe, qui sont à Fleury-sous-Meudon, où je vais conduire le lecteur.

III. — LA MAISON DE RETRAITE.

Pour mettre à exécution ses projets de bienfaisance, la duchesse de Galliera acheta l'ancien domaine Pastoret, qui occupe, sous Meudon, un territoire situé, par portions à peu près égales, sur le département de la Seine et sur le département de Seine-et-Oise. A quelques mètres près, les murailles de clôture entourent neuf cents hectares, plaine et colline. En bas on a élevé une maison de retraite pour les frères de la doctrine chrétienne ; sur la hauteur on a construit un orphelinat ; on communique facilement de l'une à l'autre, tous deux sont contenus dans la même enceinte. Les vieux arbres ont été conservés, les pelouses verdoient au soleil, une longue avenue permet les promenades ombragées, un ruisselet, bordé de glaïeuls et d'iris, coule en chantant sous un pont rustique ; de grands tilleuls trop élagués forment une sorte de bois sacré propice à la méditation ; comme d'un belvédère choisi avec discernement, la vue découvre le panorama de Paris enveloppé de brumes que perce la flèche des églises et que dominent en ce moment certaines constructions de l'Exposition universelle. C'est un parc admirable ; la duchesse de Galbera l'a offert à des instituteurs primaires blanchis sous la soutane et à des orphelins dérobés à la misère.

La maison de retraite est exclusivement réservée à ces braves ignorantins, qui ont rendu tant de services au « pauvre commun » de France et qui obéissent encore à la règle que leur donna leur fondateur à la fin du XVIIe siècle. L'impulsion fut vive et féconde ; elle vibre toujours et prouve ainsi l'utilité de l'œuvre qui a été si fortement conçue, si solidement édifiée, que ni le temps, ni les révolutions n'ont pu l'ébranler. Les assises sur lesquelles elle repose sont l'intelligence supérieure de l'homme qui en a jeté les fondements et les besoins d'une population qui voulait échapper à ses propres ténèbres. Jean-Baptiste de La Salle était né à Reims le 30 avril 1651, fils d'un conseiller au présidial et issu de bonne famille, à la fois de robe et d'épée. Il se sentit de bonne heure appelé par l'église, entra au séminaire de Saint-Sulpice, à Paris, et fut ordonné prêtre en 1672. Sa vocation spéciale fut déterminée par le legs pieux d'un chanoine qu'il vénérait, l'abbé Roland, qui en mourant lui recommanda une congrégation de religieuses qu'il avait fondée et dont la mission devait être de se consacrer à l'enseignement des orphelins.

Est-ce bien sa vocation qu'il faut dire ? Son devoir serait plus exact. Ce fut, en effet, presque à son cœur défendant qu'il accepta la tâche qui lui fut imposée de surveiller des maîtres d'école, de les diriger par ses conseils, de les façonner à leurs fonctions et de devenir ainsi une sorte d'instituteur en chef, initiant le professeur à l'art si difficile de la pédagogie. Il hésita avant de se consacrer sans réserve à l'apostolat dont le but était d'éclairer les cervelles et de fortifier les âmes ; mais le spectacle que chaque jour il avait sous les yeux lui démontrait la nécessité d'entrer résolument dans l'action et de porter le pain de l'esprit à ceux qui n'y avaient jamais goûté. La population de vignerons et de laboureurs à laquelle il se mêlait, dès qu'il avait franchi les portes de Reims, croupissait dans une ignorance analogue à celle qui enveloppe encore les tribus nègres du centre de l'Afrique. Dévouée à la religion qu'elle respectait et pratiquait, mais imbue de toute sorte de superstitions, croyant aux sorciers, aux lutins, aux meneux-de-loups, au grand Bicêtre et aux revenants, elle était incapable de faire un choix entre les fables et la vérité. L'instruction était nulle ; sur mille paysans, pas un peut-être n'eût été capable de signer son nom. La dépression sous laquelle vivait la race agricole de France, ce pauvre Jacques Bonhomme qui avait tant besogné, qui s'était si bien battu, qui souvent avait donné jusqu'à son dernier sou tapé pour concourir à fonder l'unité de la patrie, cette dépression ne se peut figurer aujourd'hui ; mais nous possédons un témoignage que nous pouvons invoquer. Qui ne se souvient des paroles de La Bruyère : « L'on voit certains animaux farouches, des mâles et des femelles, répandus par les campagnes, noirs, livides, et tout brûlés du soleil, attachés à la terre qu'ils fouillent avec une opiniâtreté invincible : ils ont comme une voix articulée, et, quand ils se lèvent sur leurs pieds, ils montrent une face humaine, et en effet, ils sont des hommes. Ils se retirent la nuit dans des tanières où ils vivent de pain noir, d'eau et de racines ; ils épargnent aux autres hommes la peine de semer, de labourer et de recueillir pour vivre, et méritent ainsi de ne pas manquer de ce pain qu'ils ont semé. » Dans quels mémoires du XVIIe siècle ai-je donc lu : « Quand le laboureur retourne la terre, il retourne son matelas ? » C'était encore le temps des profondes divisions sociales : aux états-généraux de 1614, les députés du tiers-état avaient parlé à genoux.

Ces paysans, « ces mâles et ces femelles, » Jean-Baptiste de La Salle n'a pu les voir sans être ému de compassion. Pas un seul instant il ne rêva de les détacher de la glèbe ; mais il voulut les relever, les nettoyer, pour ainsi dire, les cultiver et leur mettre en main l'outil du défrichement moral, qui est l'instruction. Le jour où ils surent lire, où ils parvinrent à former leurs lettres, à comprendre la valeur et les combinaisons élémentaires des chiffres, un progrès énorme fut accompli dans l'humanité. Ce progrès, la France le doit à J. -B. de La Salle plus qu'à nul autre ; en notre pays il fut le créateur de l'enseignement primaire, il en inventa les méthodes, il en imposa la discipline, et fit si bien, dès le début, que depuis on n'a pas fait beaucoup mieux. Les programmes se sont développés parallèlement à l'acquisition de connaissances nouvelles, mais le principe est resté le même, car ce principe était assez large pour contenir toutes les améliorations futures. Si aux écoles de grammaire on a ajouté des écoles professionnelles, si aux classes du jour on a joint les classes du soir, c'est aux frères de la doctrine chrétienne qu'on le doit. Il est superflu de chicaner sur ce point ; d'autres sont venus avec des idées différentes, des exclusions peu justifiées et des ambitions plus ardentes, mais les initiateurs par excellence ont été J. -B. de La Salle et ses disciples.

Non seulement de La Salle fut un initiateur, mais il fut un réformateur ; j'oserai même dire qu'il fut un révolutionnaire, au sens excellent du mot. En effet, si c'est être révolutionnaire que de se mettre en contradiction avec les préjugés de son temps et de combattre la fausseté, le péril d'une opinion préconçue, il fut révolutionnaire et le fut avec énergie. Dans le monde du gouvernement, dans les classes privilégiées ou riches de la société, la maxime du cardinal de Richelieu faisait foi : les peuples doivent être tenus dans l'ignorance pour être plus faciles à gouverner. C'était là le pivot fondamental autour duquel se mouvait ce que nous appellerions actuellement la politique intérieure. J. -B. de La Salle était mal venu de lutter contre les principes des hommes d'état et de s'attaquer à une théorie qui avait force de loi. Aussi fut-il repoussé, honni, presque persécuté ; il lui fallut une indomptable vaillance pour triompher, et il ne triompha que parce qu'il se sentait soutenu par le peuple des humbles qui le suivait pour aller à la lumière. C'est en 1679 qu'il ouvrit à Reims la première école qui devait servir de modèle à tant d'autres. Ce que l'on en pensa, on peut le deviner en lisant ce qu'un siècle plus tard écrivaient des hommes éminents, ceux-là mêmes qui ont réuni les matériaux dont a été construit le monument des libertés modernes. Écoutez Voltaire : « Au peuple sot et barbare, il faut, comme au bœuf, un joug, un aiguillon el du foin. — Je vous remercie de proscrire l'étude chez les laboureurs. Envoyez-moi surtout des frères ignorantins pour conduire mes charrues ou pour les atteler. » — Ecoutez J.-J. Rousseau : « N'instruisez pas l'enfant du laboureur, il ne mérite pas d'être instruit. » — Écoutez René de Caradeuc de la Charolais, qui était procureur général au parlement de Bretagne : « Le bien de la société demande que les connaissances du peuple ne s'étendent pas plus que ses occupations. Les frères de la doctrine chrétienne sont venus pour achever de tout perdre. Ils apprennent à lire et à écrire à des gens qui n'eussent dû apprendre qu'à dessiner et à manier le rabot et la lime.[1] » On n'a de bons élèves qu'à la condition d'avoir de bons maîtres : ceci est une vérité élémentaire qui est un lieu-commun ; maison la met si rarement en pratique que l'on ne saurait la répéter trop souvent. Cette vérité, J.-B. de La Salle ne l'ignorait pas ; il a su la méditer, en faire jaillir toutes les conséquences, et il se résolut alors à fonder l'institut des écoles chrétiennes. Ce fut à Rouen qu'il parvint d'abord à l'installer, non sans peine. Là il réunit ses futurs maîtres d'école, il leur enseigne à enseigner, il leur interdit d'être prêtres, mais il leur impose les vœux d'obéissance, de pauvreté, de chasteté, vœux qui ne sont point perpétuels et que l'on est libre de renouveler ou de renoncer tous les dix ans ; ses disciples doivent être frères entre eux et se consacrer exclusivement à l'enseignement gratuit et primaire. C'est tout ; mais si l'on songe à l'épaisseur d'ignorance qu'il fallait traverser alors pour arriver, d'une manière efficace, jusqu'à l'entendement des classes ouvrières et agricoles, on trouvera que la tâche était d'élite et exigeait, pour être accomplie, une rare persistance d'abnégation. Le préjugé contre lequel ces hommes de bon vouloir eurent à lutter a-t-il complètement disparu de nos mœurs ? Je n'oserais l'affirmer.

Rien ici-bas ne se fait sans argent : J.-B. de La Salle put s'en apercevoir ; l'institut pédagogique et les écoles ouvertes aux fils de la charrue et de l'outil exigeaient de lourdes dépenses ; il pourvut à tout, car, par bonheur pour les pauvres, il était riche. Sa fortune, héritée de ses parents, s'élevait à une quarantaine de mille livres de rentes, somme considérable pour l'époque qui représenterait aujourd'hui plus de 200,000 francs. Les sacrifices ne lui furent pas épargnes et il les accepta de bon cœur, les trouvant de mince importance en comparaison de l'espoir de réussir. A cet égard on peut croire que, lorsqu'il mourut en 1719, il avait l'âme sereine, car il savait déjà, par les résultats obtenus, qu'il avait semé le bon grain. Une école établie à Rome et vingt-cinq écoles fonctionnant en France lui prouvaient que son œuvre était viable et qu'elle surmonterait les obstacles. Six ans après sa mort, en 1725, la règle qu'il avait donnée à ses disciples était approuvée par une bulle spéciale de Benoît XIII. Les écoles se multiplièrent ; ni la raillerie

---

1 Cité par Mgr l'évêque d'Autun, de l'Académie française, dans le *Bienheureux J.-B. de la Salle*, p. 77 et 78.

des philosophes, ni la mauvaise volonté des autorités civiles ne purent en entraver le développement normal, car l'idée était juste et finissait par pénétrer les esprits récalcitrants. Pendant la période aiguë de la révolution française, l'institut fut fermé, les écoles furent closes, les frères se dispersèrent et l'on put croire que l'œuvre de J.-B. de La Salle s'était écroulée pour toujours. Le consulat la reconstitua dès 1803, et, en 1805, l'empire autorisait les frères de la Doctrine chrétienne à reprendre le costume que leur fondateur avait porté, la soutane de bure, le rabat blanc, le manteau noir et le chapeau de forme triangulaire. Depuis lors leur ordre, parfois protégé, parfois menacé, souvent vilipendé, n'a cessé de prospérer et de s'étendre. À cette heure, ils sont partout, dans les écoles primaires, dans les écoles professionnelles, à la fois éducateurs et missionnaires, humbles, résolus, résistants, soumis à leur devoir, allant chercher les blessés sur les champs de bataille pendant la guerre et distribuant l'instruction aux enfants pauvres pendant la paix. Leurs écoles sont nombreuses : 1,625 en Europe, 39 en Asie, 56 en Afrique, 176 en Amérique ; l'armée scolaire qui dessert ces 1,896 maisons de bienfaisance et d'enseignement se compose de près de 12,000 volontaires du sacrifice de soi-même, répandus sur le globe entier. La petite classe de Reims où J.-B. de La Salle a fait ses premières leçons a été une mère féconde.[1]

Pour rester fidèle à ses origines et à l'impulsion de son fondateur, l'ordre se recrute, non pas exclusivement, mais principalement dans la classe agricole, dans ces fortes et honnêtes familles assez nombreuses, assez dévouées pour donner leurs enfants à l'armée, à l'église, à l'enseignement, à l'agriculture, et qui, n'en déplaise à La Chalotais, à Rousseau, à Voltaire, sont la vigueur même et l'honneur du pays. Rien souvent, pour marcher aux conquêtes lointaines comme pour combattre l'invasion, le paysan a été l'inépuisable ressource de la France et ne lui a pas ménagé le sang quelle demandait : — Accepte l'holocauste, ô mère ! et souris à ceux qui vont mourir pour toi ! — Sont-elles aussi productives que je les ai connues jadis, ces familles qui semblaient une tribu groupée autour du chef dont elle était issue ? Aujourd'hui on s'inquiète, on se trouble ; le résultat des dernières statistiques est désespérant. On reconnaît que la population française reste stationnaire pour

---

1   Mgr d'Autun, p. 75. *Vid. sup.*

n'oser peut-être avouer qu'elle décroît. Le morcellement presque indéfini de la terre produit par la vente « à l'écorchée » des biens du clergé et de l'émigration a permis au paysan de posséder son lopin, si petit qu'il soit. Bienfait d'une part, méfait de l'autre. Le vilain, comme l'on disait jadis, aime son champ d'un amour farouche ; il le garde, il le défend ; il ne veut pas que l'on y touche, même après sa mort. Depuis qu'il est propriétaire, le paysan se réserve ; les familles prolifiques, sans être devenues très rares, se rencontrent moins fréquemment ; il n'est que temps d'aviser, car elles tendent à disparaître. Lorsqu'il n'était que fermier, l'homme de la culture ne se ménageait guère ; c'est dans sa propre lignée qu'il trouvait le laboureur, le berger, le charre-lier, le faucheur, le terrassier, jusqu'à la fileuse et jusqu'au vannier pour les veillées d'hiver. Aujourd'hui, il a un fils, il n'en a qu'un, celui qui doit avoir le champ, l'avoir tout entier.

Au temps de mon enfance, dans le pays du Maine qui s'allonge entre Fresnay-le-Vicomte et Sillé-le-Guillaume, j'ai vu souvent un fermier, maître Chédor, présider la table où ses onze enfants, beaux et solides, s'asseyaient au-dessous de lui. A force de besogner, d'aller vendre son blé au Mans, son chanvre à Alençon, il avait amassé, pièce de 6 liards par pièce de 6 liards, un maigre pécule dont on parlait avec exagération autour de lui, ce qui a permis à Pierre, son fils aîné, d'épouser une fille orpheline qui possédait une dizaine d'hectares, moitié prés, moitié labours. Longtemps après les jours que je rappelle, je suis retourné voir ces braves gens ; j'ai demandé : « Où est Pierre ? » On m'a répondu : « Il est sur sa terre, en dévalant du côté de la Sarthe, au-delà des grands Berçons, tout auprès de Saint-Aubin-de-Locquenay. » J'y ai été par les chemins ombreux où j'avais cueilli tant de « nousilles » pendant mes vacances d'écolier. » Pierre m'a bien accueilli et m'a offert un pichet de cidre : je lui ai dit : « Combien as-tu d'enfants ? — Je n'ai qu'un gars, pas plus. » Je l'ai regardé avec surprise. Il s'en est aperçu ; son expression est devenue sérieuse, et c'est d'un ton presque bourru qu'il a répliqué : « Dame ! vous savez ; je ne veux pas que mon héritage soit partagé. » Mauvaise parole ; le paysan n'est pas seul à la prononcer ; plus d'un petit négociant, plus d'un bourgeois, plus d'un millionnaire l'a répétée. Une telle théorie mise en pratique est néfaste. J'en demande pardon à certains économistes, mais j'estime que Malthus est un malfaiteur. Si l'Angleterre l'avait écouté, elle n'aurait ni l'Hindoustan, ni tant de colonies prospères. Les pays qui n'ont pas trop de population n'en ont pas assez.

Ces pensées s'agitaient dans ma cervelle pendant que je longeais le mur du parc de la maison de retraite et que j'arrivais devant la grille. A droite, le logement du concierge ; à gauche, le pavillon de l'agent général ; en face, une allée sablée aboutissant à un immense bâtiment dont l'aspect a quelque chose de conventuel. Si c'est un monastère, il semble fait pour les grands du monde et non pour les pauvres frères instituteurs qui sont venus là chercher le repos, parce que l'âge, les fatigues, le labeur de leur vie, les ont réduits à l'impuissance de travailler encore et les ont forcés à renoncer à leur mission. Leur humilité, acquise par une longue pratique et devenue, en quelque sorte, un besoin de leur nature, a dû parfois se trouver mal à l'aise dans les demeures que la bienfaisance ducale a préparées pour leur vieillesse. Heureusement, ils peuvent se faire illusion ; les galeries ont une apparence de cloître ; les chambres, si larges, si lumineuses qu'elles soient, sont installées comme des cellules, et le silence qui règne dans les couloirs, dans les salles, évoque le souvenir des solitudes où se complaît la méditation des âmes pieuses.

Les dimensions de la maison m'ont paru plus vastes encore que celles de l'hospice de Clamart. Est-ce une illusion ? A Clamart, on entend dans le corridor le frou-frou de la robe des Filles de la Sagesse, on aperçoit leurs cornettes blanches qui passent comme les voiles d'une barque invisible ; dans les galeries, les vieux sont là qui causent, des femmes tricotent en bavardant, c'est une vie restreinte, étouffée, mais c'est encore la vie. Ici la vie interne est peut-être d'une intensité profonde, mais la vie extérieure fait défaut ; c'est déshabité, presque désert ; tout paraît trop grand. La maison est destinée à recevoir cent pensionnaires, elle en contiendrait trois cents. Elle n'est pas assez peuplée, le nombre ne correspond pas aux proportions. Sur les larges paliers, dans les longs couloirs, dans le promenoir bitumé qui permet la marche pendant les jours brumeux, dans l'énorme bibliothèque où il ne manque que des livres, j'aurais voulu voir les lentes théories des frères se dérouler pour réveiller cette demeure trop endormie. C'est plus que la paix qui règne en ces lieux, c'est presque l'assoupissement.

Je ne serais pas surpris que l'on eût éprouvé quelque déception lorsque l'on a ouvert cette retraite à ceux pour qui elle a été construite. On avait cru que les frères vieillis dans les écoles et dans les voyages, que ces invalides de l'enseignement et de l'apostolat allaient s'y précipiter en foule et demander asile. On s'imaginait que la maison-mère, qui est à Paris, rue Oudinot, à côté des frères de Saint-Jean-de-Dieu, aurait plus d'une sollicitation à repousser et bien des choix à faire parmi les postulants. On s'était trompé. Sur les cent places réservées aux frères abattus par l'âge, quarante restent encore libres. Les soixante pensionnaires, qui tous ont plus de soixante ans, sont venus surtout des pays étrangers, de l'Hindoustan, du Canada, de Californie ; l'un d'eux a soixante et une années de classes consécutives ; presque tous sont infirmes ; quatre sont impotents, dix ont perdu la vue, plusieurs sont asthmatiques ; on entend le râle de leur poitrine oppressée lorsqu'ils gravissent les escaliers en se tirant sur la rampe ; tous sont courbés et plient les reins sous un poids trop lourd. Ils vivent encore, mais pénétrés d'une sérénité qui semble appartenir à l'existence d'outre-tombe. A les voir, on devine qu'ils ont toujours passivement obéi et que nul sacrifice ne les a fait reculer. Je ne sais pourquoi, pendant que je les regardais, ma mémoire me racontait l'anecdote relative à l'abbé Carron, émigré à Londres en 1792. Il quêtait pour les malheureux qu'il nourrissait à l'aide des aumônes recueillies par lui. Un homme, impatienté de son insistance, le souffleta ; il répondit : « Le soufflet est pour moi, mais que me donnerez-vous pour mes pauvres ? »

Si bien des frères, qui n'avaient qu'à frapper à la porte de la maison Galliera pour y être admis, s'en sont éloignés, c'est qu'ils avaient trouvé la retraite dans les établissements mêmes où une partie de leur existence s'était écoulée ; ils y avaient leurs relations et leurs habitudes, si chères aux vieillards. Ils auraient cru s'expatrier en quittant les lieux où ils étaient accoutumés à vivre, où chacun les connaissait, où sur chaque seuil, lorsqu'ils passent dans la rue, ils sont salués par ceux dont ils ont été les maîtres, dont ils ont élevé les enfants. C'est pour eux une sorte de famille qu'ils n'ont pu se résoudre à abandonner, indifférents aux splendeurs qu'on leur promettait et attachés par mille fibres intimes au pays, — ville ou village, — qu'ils aiment à cause du bien qu'ils y ont fait. Pour beaucoup sans doute qui jamais n'ont vécu que dans des milieux restreints, le voisinage de Paris, — de la Babylone moderne où rugit la bête de l'Apocalypse, — a été un motif de refus. Erreur naturelle à des âmes timorées, mais erreur ; solitude ou multitude, c'est tout un pour le sage ; à Paris comme au désert, on peut s'absorber en soi-même et s'abîmer dans la contemplation des rêves intérieurs.

Je suis entré dans plusieurs cellules, qui sont des chambres confortablement meublées ; le lit, une armoire, un prie-Dieu, une table et deux chaises ; nulle part je ne remarque un souvenir de famille ; le lien est-il si relâché qu'il est rompu ? Chaque chambre, amplement éclairée, est munie d'une cheminée qui peut donner aux yeux la joie des flammes brillantes, mais dont la chaleur ne doit guère augmenter celle que la maison reçoit des quatre calorifères qui la chauffent pendant le temps des froids. Contre la muraille d'une des cellules s'étalent des palmes, — de vraies palmes de palmiers, — qui, vers les solennités de Pâques, ont été envoyées par quelques frères habitant les pays du soleil ; dans une autre chambre, je trouve un des vieux pensionnaires occupé à peindre aux couleurs d'aquarelle, des lettres, des inscriptions explicatives destinées à être placées dans différentes parties de la maison. C'est le frère enlumineur du moyen âge modifié selon les tendances pratiques de l'esprit moderne ; jadis il eût peint le mariage mystique de Catherine ou l'ensevelissement de Marie l'Egyptienne ; aujourd'hui, il dessine avec correction et colorie avec goût les étiquettes réservées à la pharmacie et au vestiaire. Les chambres de l'infirmerie sont semblables aux autres, quoique un peu plus grandes ; elles sont vides lorsque je les parcours. L'infirmerie est ouverte non-seulement aux frères hospitalisés, mais aux malades, aux convalescents qui peuvent y être envoyés par la maison-mère de Paris. Une visite quotidienne est obligatoire pour le médecin, et la pharmacie est abondamment pourvue.

Lorsque j'ai visité la maison de retraite, la température était tiède, le soleil brillait parfois entre les nuages, les feuilles s'ouvraient au souffle du printemps, l'herbe des pelouses poussait drue, les oiseaux babillaient sur les branches. La nature était douce et limpide. La plupart des pensionnaires étaient dans le parc, au hasard de leur fantaisie, presque tous isolés, assis sur des bancs, « la tête à l'ombre et les pieds au soleil ; » c'est à peine si j'ai aperçu deux soutanes marchant côte à côte et tachant de noir la blancheur des allées.

Ils sont immobiles, affaissés sur eux-mêmes, l'œil fixé sur quelque rêverie lointaine, les mains enfoncées dans les manches de la soutane, loin de terre peut-être, à coup sûr loin du lieu où ils se reposent. A quoi pensent-ils ? aux joies de leur enfance, lorsqu'ils gaulaient les noix ou que, pieds nus, ils cheminaient derrière la charrue paternelle pour ramasser les mans voraces et courir après les musaraignes ? revoient-ils l'école, le noviciat, la première classe timidement faite à des gamins effrontés ? se souviennent-ils des champs de bataille où ils ont porté le brancard, de celui qui est tout près, à portée de leurs regards, et où le 3 avril 1871 ils allaient avec une simplicité héroïque ramasser les pauvres gendarmes tués par la plus sacrilège des insurrections ? évoquent-ils l'image des pays étrangers où ils ont vécu sous leur règle immuable, faisant aimer la France et portant la lumière dans les esprits obscurs ? se sentent-ils tressaillir en écoutant les voix tumultueuses des orphelins qui jouent dans la maison que l'on aperçoit sur la hauteur, et, se rappelant les jours de leur jeunesse, alors qu'ils surveillaient leurs écoliers en récréation, se disent-ils : Ah ! c'était le bon temps ! J'ai accosté un de ces vieux hommes écroulés ; avec lui j'ai causé de l'Egypte, qu'il a habitée pendant de longues années ; son regard éteint s'est animé, une lueur y a passé, lorsque je lui ai parlé du Nil et de la forêt de palmiers qui ombrage Mit-Rahyneh auprès des collines de Sakkara où les momies d'Ibis dorment dans des pots d'argile.

Dans leur demeure princière, dans leur parc magnifique, les frères de la doctrine chrétienne continuent la vie frugale qu'ils ont menée au long de leurs jours et dont, à leur âge, ils ne pourraient se déshabituer sans péril. Ils vivent en commun, et leur mode d'existence n'est pas pour rompre le vœu de pauvreté qu'ils ont prononcé en sortant du noviciat. Le conseil d'administration des fondations Brignole-Galliera fixe, tous les ans, la somme qui est attribuée à la maison de retraite pour chacun des frères reçus en hospitalité : « Cette allocation sera faite à forfait pour toutes les dépenses, éclairage, chauffage, vêtements et entretien compris.[1] » Un frère économe placé sous l'autorité du frère directeur est chargé de la gestion financière. Actuellement la somme est de 800 francs par tête. Lorsque les frais généraux sont payés, que l'aumônier a

---

1 *Règlement*, II, art. 25.

reçu son traitement annuel, il reste, pour chaque frère, un peu plus d'un franc par jour ; c'est sur ce mince pécule qu'il faut pourvoir à la nourriture et à l'entretien. Heureusement les jeûnes sont fréquents pour qui se conforme aux prescriptions de l'église catholique ; heureusement encore que les congrégations excellent à des économies qui parfois tiennent du prodige. On dirait qu'il leur suffit de ne pas mourir de faim.

Je ne quitterai pas cette grande maison, si noble par l'intention qui l'a fait élever, sans émettre un vœu, comme si j'étais un conseil général. Dans le parc, j'ai vu bien des talus couverts d'herbes et des pelouses où la luzerne savoureuse verdirait volontiers au soleil. Je serais satisfait si deux vaches, deux petites bretonnes bonnes laitières, s'y promenaient en compagnie de deux chèvres ; je voudrais qu'elles fussent là broutant, ruminant, alourdies par les mamelles gonflées d'un fait qui, pour des vieillards affaiblis, de santé parfois débile, serait un aliment réparateur, à la fois fortifiant et léger. Si dans quelque coin du domaine, on pouvait en outre installer un poulailler où notre coq gaulois chanterait sa fanfare en faisant les yeux doux aux poules de Crèvecœur et de Brahmapoutra, je serais content, et les pensionnaires le seraient aussi, car ils auraient des œufs frais à mouillette que veux-tu.

IV. — L'ORPHELINAT.

La pente douce d'une allée traverse le parc en diagonale et conduit à l'orphelinat, qui, solidement établi sur le sommet de la colline, ressemble à une forteresse regardant vers Paris. Cette impression s'impose. Par ce temps de rumeurs belliqueuses, entretenues par des inquiétudes peu justifiées, à cette heure où la science de toute nation redouble d'efforts pour mettre l'extermination aux mains du service militaire obligatoire, l'esprit est hanté par des visions de batailles, et je n'ai pu m'empêcher de penser qu'avec les canons qui portent plus loin que les télescopes, il suffirait d'établir ici quelques batteries pour pulvériser Paris en vingt-quatre heures.

La place serait de choix, meurtrière entre toutes, et mériterait les éloges de la stratégie la plus raffinée. Plaise à Dieu qu'elle ne cesse d'être ce qu'elle est aujourd'hui, un lieu d'asile où grandissent des orphelins. Pendant que j'évoquais les fantômes de la guerre, les enfants, plus sages que moi, jouaient dans leur préau. Courant, criant, actifs et joyeux, ils dépensent pendant la récréation le trop-plein de vie qui les anime. C'est bien, et je ne puis qu'approuver, car je sais que le bruit et le mouvement sont les éléments mêmes du repos de l'enfance qui travaille. Les maîtres le savent aussi, car ce sont les frères de la doctrine chrétienne qui dirigent l'orphelinat et qui n'ont qu'à tourner les yeux vers la vallée pour apercevoir la maison où ils iront peut-être terminer leurs jours.

Non-seulement on laisse les écoliers s'amuser sans contrainte, et rivaliser d'émulation au cheval fondu, aux barres, à la balle au camp, mais dans un préau couvert, j'aperçois des jouets en bon nombre ; des échasses, de grosses boules sur lesquelles il faut se tenir en équilibre, des traîneaux, appareils destinés à des exercices violents qui exigent de l'adresse et entretiennent la vigueur musculaire. Ailleurs je vois la salle de gymnastique couverte, richement outillée, toute neuve encore, et sur le parquet de laquelle il est urgent de répandre un épais lit de sable, et mieux encore de grès pulvérisé, car s'il est vrai que les os des enfants contiennent beaucoup de gélatine, il n'est pas moins certain qu'un écolier se casserait un membre, en tombant du portique ou d'un trapèze en action. Dans cet établissement, dont les proportions n'ont rien à envier à celles de l'hospice Ferrari et de la maison de retraite, tout me paraît avoir été prévu pour favoriser le développement physique des orphelins que l'on y recueille. Les classes, les dortoirs, les réfectoires reçoivent l'air et la lumière à profusion ; l'hygiène la plus scrupuleuse n'y trouverait rien à reprendre ; l'eau seule n'y arrive pas encore avec autant d'abondance qu'on pourrait le désirer ; inconvénient auquel on remédie à bras d'homme, qui est causé par l'altitude même des terrains et qui va promptement cesser grâce à des travaux hydrauliques déjà entrepris.

L'énormité des dégagements fait office de ventilateur perpétuel ; chacune des parties de ce modèle des orphelinats et de toute construction scolaire est tellement vaste que l'on pourrait y redouter le froid, si une demi-douzaine de calorifères occupant une portion du sous-sol n'attiédissait la maison entière. Une salle pour les bains complets, une salle pour les bains de pieds, — dont il sera bon d'abuser, — certains édicules spéciaux, que je n'ai pas à décrire, des lavabos bien pourvus d'instruments de propreté, promettent enfin une réaction bienfaisante contre la saleté repoussante des maisons d'instruction où l'on élevait « les fils de famille » au temps de mon enfance. On n'a pas oublié les bains froids qui sont un des divertissements les plus vifs des écoliers, auxquels ils apportent la santé. Dans un jardin en contrebas, disposé sur un terrain plan, on a dérivé un petit ruisseau que l'on a déversé dans une piscine carrée, de dimensions considérables, ouverte au soleil qui la chauffe, divisée en deux parties, l'une profonde pour les élèves sachant nager, l'autre donnant pied à ceux que leur ignorance de la natation réduit aux délices du barbotage.

Nulle maison d'éducation, parmi celles que j'ai visitées, ne m'a semblé placée dans des conditions plus salubres, et mieux appropriée aux exigences sanitaires de l'enfance. Située sur une hauteur, orientée au sud-est, protégée contre le vent du nord par une forêt qui la touche et lui verse un air purifié, elle offre le double avantage d'être à la campagne et d'être si voisine de Paris, qu'elle en peut facilement tirer ses ressources. Ces conditions, qui semblent créées précisément pour être propices aux écoliers, je voudrais les voir recherchées par les pensionnats, par les lycées, auxquels, bien souvent, on devrait les imposer. La multiplicité des communications rapides, par les voies ferrées, par les tramways, par les omnibus, permet aujourd'hui de libérer l'enfance, de l'enlever à l'agglomération inhumaine d'une population de plus de deux millions d'habitants, de lui donner l'air, l'espace, la verdure, qui lui sont indispensables, surtout aux heures périlleuses de la puberté, et de la faire sortir de ces mornes maisons, moitié couvent, moitié caserne, où elle s'étiole, sans profit pour son intelligence et au détriment de sa force corporelle. Je sais que cela ne satisferait point le monde de la pédagogie, mais on en serait quitte pour lui faire remarquer que les établissements scolaires sont créés pour les élèves et non point pour les professeurs.

L'école de Saint-Cyr est bien placée là où elle est, et nos lycées seront en bon lieu, si on les fait sortir de Paris. Puisque la France se dépeuple, on ne saurait trop redoubler de soins en faveur de l'enfance, surtout si l'on considère que, par suite de causes souvent peu honorables, presque toujours futiles, les parents comptent sur l'internat pour se débarrasser de leurs devoirs. Pendant que « le petit » est au collège, « madame » va à l'Opéra, « monsieur » va à son club, et les domestiques vont au cabaret. C'est bénéfice pour tout le monde, excepté pour l'enfant.

L'enseignement distribué aux écoliers par les frères de la doctrine est conforme aux programmes déterminés par le ministère de l'instruction publique ; on le connaît ; je n'ai donc pas à en parler. La maison est construite et aménagée pour recevoir 350 élèves ; lorsque je l'ai visitée, elle en contenait 130, obéissant à 16 professeurs ; on attendait une recrue de 50 écoliers ; peu à peu le nombre réglementaire sera atteint et les classes seront au complet. Nulle rétribution n'est exigée, l'admission y est absolument gratuite ; on peut arriver nu, la lingerie, la cordonnerie, le vestiaire, se chargent de nipper, de chausser, d'habiller « le nouveau. » La lingerie m'a étonné par sa richesse ; en voyant les bas de laine mis en réserve pour l'hiver, je me suis souvenu des bas de coton chinés blanc et bleu que nous portions, réglementairement en toute saison, lorsque j'étais au collège. Un détail m'a surpris ; les enfants ne changent de linge que le dimanche, comme les paysans ; tradition de la vie agricole que je voudrais voir répudier. Économie de blanchissage, mauvaise économie. On pourrait adopter, à cet égard, le règlement des lycées et renouveler le linge deux fois par semaine, ce qui n'a rien d'excessif.

On ne reçoit dans la maison que des orphelins, c'est-à-dire des enfants qui se présentent munis de l'acte de décès de leur père et de leur mère ou de l'un des deux. J'aurais voulu une hospitalité plus large et je crois qu'il serait humain, — qu'il serait chrétien, — d'accueillir ceux qui ne peuvent fournir l'acte authentique que l'on exige, puisqu'ils sont nés de parents restés inconnus, puisqu'ils sont nés orphelins. Ici même j'ai déjà effleuré cette question, qui me tient au cœur, car je la trouve injustement résolue par plus d'un bienfaiteur et par quelques institutions secourables. Frapper le bâtard d'exclusion, c'est être un peu bien féodal en nos temps démocratiques où l'homme ne vaut que par lui-même. De combien de préjugés ne sommes-nous pas encore obstrués et que d'efforts pour les vaincre sans parvenir à nous en dégager ! Il y a longtemps déjà que Stendhal a écrit : « Enfants trouvés, pauvres enfants, dont la misère est encore plus sacrée que celle des autres. » En quoi « le champi » a-t-il démérité de la charité, en quoi est-il coupable ?

Au lieu de lui demander d'où il vient, la compassion, j'entends la compassion intelligente, doit lui dire : Où vas-tu ? et le guider dans le droit chemin que nulle main ne lui indique, où nulle tendresse ne le dirige. La faute est personnelle ; quelle faute a-t-il commise ? La responsabilité, sous aucun prétexte, ne doit retomber du père au fils. La duchesse de Galliera, qui a fondé cette maison, était une femme pieuse, les frères qui la dirigent font profession de religion ; doit-on leur rappeler les livres saints ? ont-ils oublié ce que Dieu dit à Ézéchiel : « Toutes les âmes sont à moi ; l'âme de l'enfant est à moi comme l'âme du père ; l'âme qui péchera sera celle qui mourra. » Jérémie n'a-t-il pas crié : « Chacun mourra pour son iniquité. » Seuls le crime et la vertu sont individuels ; à l'heure de sa naissance, l'enfant est innocent ; le repousser parce qu'il vient au monde dans des conditions qui sont en dehors des conventions sociales, c'est augmenter les misères probables de son existence et c'est subir la tyrannie d'une idée fausse, que tout condamne, la raison, la philosophie, la religion et l'intérêt public. Les personnes dont la foi est fervente et qui pourvoient aux orphelins, à l'exclusion des enfants naturels, s'imaginent-elles que Jésus, lorsqu'il disait : « Laissez venir à moi les petits enfants, » se soit préoccupé de la légitimité de leur naissance ? Il ne faut fermer au bâtard, ni son cœur, ni sa porte, ni la route qui conduit aux devoirs et aux jouissances de la vie. Les arguments que l'on met en avant pour maintenir ces malheureux, dès le bas âge et l'école, en dehors du droit commun, pèsent bien peu en regard des périls où on les pousse. Plus leur berceau a été abandonné, plus la charité doit les entourer de sollicitude. Si la fille de Pharaon n'avait pas ramassé la barcelonnette cachée parmi les roseaux du Nil, les Hébreux ne seraient peut-être pas sortis d'Egypte. Et pour toucher un sujet que mon incapacité ne me donne pas le droit d'aborder, j'oserai dire : s'il s'agit de sauver des âmes, en quoi l'illégitimité de la naissance peut-elle y mettre obstacle ?

On peut croire que, tout en faisant ces réflexions, je ne les communiquais point aux frères directeur et sous-directeur qui voulaient bien m'accompagner pendant ma visite, ils m'auraient répondu : Nous nous conformons aux statuts déterminés par la duchesse de Galliera elle-même, et je n'aurais eu rien à répliquer. Les hommes avec lesquels je parcourais les classes, les dortoirs, l'infirmerie, les préaux, aiment les enfants, ce qui est la première des conditions pour les bien instruire et en être obéi. L'un d'eux a « fait l'école » aux pays étrangers ; il a vécu sous le soleil égyptien et près des glaçons que charrie le fleuve Saint-Laurent ; il me parlait des écoliers de France, auxquels il reconnaît une sorte de supériorité native qui ne porte pas tous les fruits que l'on en pourrait exiger. Il me disait : « L'enfant français est intelligent ; une fois que l'on a brisé la gangue qui l'enveloppe, on le trouve actif à comprendre, joueur, léger, espiègle, mais de cœur bien placé, ouvert et apte aux grandes choses. Malheureusement, les exigences de la vie s'imposent à lui de bonne heure, le « *item* faut vivre » le guette et le saisit, à l'instant où son développement va s'épanouir ; il est réduit au travail manuel et perd, faute de pratique, une grande partie des notions qu'il avait acquises sans difficulté. » A ma question : « Le regrettez-vous ? » il sembla hésiter et finit par me dire : « Pas trop ; il y a déjà tant de déclassés. » Oui, il y a déjà tant de déclassés ; mais c'est le fait des natures qui aiment le sol natal d'un tel amour qu'elles ne peuvent se décider à demander la fortune à l'émigration, ni même aux colonies les plus fécondes en promesses.

Est-ce à ces déclassés, à ces bacheliers sans emploi, à ces instituteurs sans école, à ces étudiants sans diplôme, proie future de la politique et des déceptions, est-ce à ces à-peu-près, à ces « ratés » peints de main de maître par Alphonse Daudet, que la duchesse de Galliera a pensé lorsqu'elle a fixé le règlement de son orphelinat ? Je le croirais volontiers, car la maison ne se ferme pas pour l'écolier qui a terminé ses études et reçu le brevet auquel il a droit ; loin de s'en séparer, elle le garde, elle continue à pourvoir à ses besoins, elle le conserve près du berceau primaire, sous la direction des hommes de bien qui l'ont tiré des limbes de l'ignorance, et elle lui enseigne un métier, un métier de plein air où il retrouvera peut-être un souvenir de ses premières années, s'il est né à la campagne, s'il s'est roulé sur les foins coupés, s'il a vécu parmi les floraisons de la nature. Le métier est bon, rémunérateur, diraient les économistes, peu propice à la rêverie, ce qui est un grand bien, utile à tout le monde et souvent joyeux pour celui qui l'exerce. Que d'idylles ne pourrait-on faire encore sur le bonheur de ceux qui, pour prix de leurs peines, reçoivent « les doux présents de Flore et de Pomone ? » *O fortunatos nimium* !

A l'école primaire succède une école d'horticulture ; on y apprend l'art de cultiver les fleurs, les légumes, les fruits, les arbres d'agrément et les essences forestières. L'enseignement n'est pas seulement théorique, comme on pourrait le croire, il est pratique, minutieusement pratique, il ne néglige ni les terres lourdes, ni les terres légères, ni les terreaux, ni les fumures ; il a le parc pour laboratoire, et une simple énumération démontrera la richesse des éléments d'expérimentation que l'on y a réunis. Huit grandes serres, deux orangeries, six bâches chauffées reçoivent les plantes exotiques, et, pendant l'hiver, abritent les arbustes frileux. Dans les jardins, lorsque je m'y suis promené (mai 1889), on pouvait compter 2,049 espèces différentes de poiriers, 939 de pommiers, 252 de vignes, 238 de pêchers, 290 de cerisiers, 150 de pruniers, 8 de figuiers, 314 de fraisiers, 53 de framboisiers et 400 de pommes de terre. C'est là le verger, il fait honneur à l'industrie de l'homme qui, de chacune des essences mères, a su faire naître tant de variétés. La région des fleurs n'est pas moins opulente : 2,400 sortes de roses, 390 de dahlias, 250 de glaïeuls, 220 de pivoines, 320 de chrysanthèmes, auxquels il faut ajouter la collection complète des jacinthes, des tulipes et des conifères. J'ai vu quelques-uns des élèves jardiniers travailler, la blouse à l'épaule, le chapeau de paille au front, le sécateur en main, déjà sûrs de leur coup d'œil, relevant une plate-bande, piquant un tuteur, alertes et courant rabattre le paillasson des serres lorsque le soleil devenait trop vif. Un maître jardinier les dirige et leur fait la leçon. Un de ces enfants, de quatorze à quinze ans, était occupé à dépoter des boutures de géraniums ; je m'en suis approché, et, à brûle-pourpoint, je lui ai dit : « A quelle époque a-t-on introduit la glycine en France ? .. » Il a redressé la tête, m'a regardé d'un air narquois en clignant de l'œil, et très vite a répondu : « 1825. » Que le lecteur ne prenne point haute opinion de mes connaissances en histoire botanique ; j'avais lu cette date le matin même, dans je ne sais plus quel volume, et par hasard je ne l'avais pas oubliée.

Tel est l'ensemble de l'orphelinat. Dans l'organisation générale, comme dans les détails, dans l'idée mère, comme dans la conception plastique et l'exécution, l'établissement est irréprochable, et cependant il offre un inconvénient auquel j'ai lieu de croire qu'il sera bientôt remédié. Il n'est pas aussi isolé qu'il conviendrait de l'être à un lieu destiné à l'éducation d'enfants qui doivent être tenus à l'abri de tout contact douteux. La configuration des terrains accidentés et bossus ne permettait d'élever l'orphelinat qu'au point culminant et aplati de la colline ; il en résulte que les préaux sont mitoyens à la forêt de Meudon par un vieux mur qui les en sépare. Les promeneurs, — surtout le dimanche, — jeunes pour la plupart, souvent en goguette, grimpent volontiers sur la muraille, se placent à cheval sur le chevron et adressent aux en fans des propos dont parfois le cynisme est pour étonner. Si à ces « farceurs » de la libre pensée et de la pornologie on rappelle qu'un poëte a dit : *Maxima debetur puero reverentia,* ils en sont quittes pour répondre qu'ils ne comprennent pas le latin et entonnent des chansons dont on rougit dans les casernes.

Les gros murs de la maison étaient déjà construits lorsque cet inconvénient fut prévu et signalé à la duchesse par un homme expert aux facéties de la jeunesse, souvent trop gaie, qui fréquente les bois des environs de Paris. Elle voulut le neutraliser d'avance et demanda l'autorisation d'acquérir un hectare et demi de la forêt de Meudon, afin de mettre son orphelinat hors de toute mauvaise ingérence. Le domaine de l'état est inaliénable, on ne peut en vendre une partie ; mais, si les pouvoirs législatifs ne s'y opposent, on a le droit de procéder par voie d'échange. La duchesse de Galliera, en compensation du lopin de la forêt de Meudon, dont la valeur représente une somme de 17,430 fr. 44, offrit le domaine de Villebon, qui contenait plus de quatre hectares contigus au bois même dont elle convoitait une parcelle. Des motifs particuliers, tirés de la nature du sol, ne permirent pas de donner suite à ce projet. Sur des indications officieuses, que leur origine rendait en quelque sorte officielles, elle acquit, au prix de 39,000 francs, les forêts de Tellière et de Balaor, dans le département des Basses-Alpes, couvrant une superficie totale de 581 hectares 14 ares 21 centiares et les proposa, en échange du taillis de Meudon, au ministre des finances, qui, sur l'avis favorable du conseil d'administration des Eaux et Forêts, donna son adhésion. Un projet de loi proposé par M. Sadi-Carnot, ministre des finances, présenté à la chambre des députés, le 11 mars 1886, au nom de M. Jules Grévy, approuvé, je crois, par le Conseil d'État, n'a pas encore reçu la solution que l'on attend, et qui me semble ne pouvoir être douteuse.

C'est de la terrasse qui précède les bâtiments scolaires que l'on peut embrasser du regard l'ensemble des fondations Brignole-Galliera créées à Fleury-sous-Meudon. C'est fort imposant ; on se croirait en présence d'un de ces immenses monastères où le moyen âge réunissait la chapelle, l'infirmerie, la maison des hôtes et le couvent. Moyen âge ; je ne m'en dédis pas, car l'architecte a cherché et trouvé dans le style ogival du XIIIe siècle un ordre qui, tout en restant moderne par l'originalité et l'habileté des agencements, a quelque chose de grave et d'austère sans tristesse, qui semble appeler la méditation et faire naître le recueillement. Malgré la diversité de leurs destinations et de leur distribution, les édifices offrent des traits de ressemblance qui les font de la même famille, tout en leur laissant une individualité propre. Il en résulte une harmonie remarquable, car chaque partie concourt à l'unité de l'ensemble. La lyre d'Amphion est un symbole ; toute œuvre architecturale doit être une symphonie.

Les bâtiments sont nombreux ; ils occupent une étendue superficielle de 9,675 mètres ; comptons-les : l'orphelinat, la maison de retraite des frères de la doctrine chrétienne, la chapelle, le pavillon de l'agent général, le pavillon des aumôniers, le pavillon des employés civils, le pavillon du jardinier chef, le pavillon du concierge, les communs contenant l'écurie, la vacherie et les remises. Le choix seul des matériaux constitue déjà quelque chose d'exceptionnel. Je n'ai que de bien médiocres notions en lithologie, mais partout, jusque dans les corbeaux des murs d'espaliers, j'ai cru reconnaître la pierre de Château-Landon, aussi résistante à l'action du temps et presque aussi dure à travailler que le marbre ; pour en apprécier la beauté, il suffit de regarder l'Arc-de-Triomphe de l'Étoile. L'auteur de ces constructions de la bienfaisance opulente est M. Conchon ; lorsqu'il considère son œuvre, il doit être satisfait. J'imagine que, pareil à tous les vrais artistes, il a eu un rêve, un de ces beaux rêves en pierres ouvragées, comme les maîtres maçons du moyen âge, comme les grands architectes de la renaissance en ont réalisé que l'humanité ne se lasse pas d'admirer. Il eut cette fortune incomparable de rencontrer une femme intelligente et riche qui, pour d'autres causes, en visant un but moral, avait conçu un rêve analogue. Le double rêve s'est fondu en un seul et a fait naître une œuvre d'art et une œuvre de charité à la fois grandioses et touchantes. Non-seulement l'architecte a eu carte blanche, comme l'on dit, mais on le poussait au luxe, car au fur et à mesure que les édifices se dressaient derrière les échafaudages, la duchesse s'enorgueillissait.

Elle avait recommandé de faire une chapelle magnifique ; elle a été obéie. « Ne pouvant la faire belle, tu l'as faite riche, » disait un peintre de l'antiquité. Ce reproche ne peut être adressé à M. Conchon ; la chapelle, que jalouseraient bien des grandes villes de province, est très simple ; nulle trace de dorures, rien de criard ; mais quel goût dans le détail, quelle science dans la sobriété de l'ornementation, avec quel art les nervures se détachent sur le ton pâle de la pierre et glissent sous la voûte. La chaire à prêcher, y compris la cuve, l'escalier et l'abat-voix, est taillée dans le même bloc ; elle est ajourée, sculptée, fouillée ; c'est un chef-d'œuvre d'orfèvrerie en pierre. Dans l'orphelinat, la corniche de la cage supérieure de l'escalier, la ferronnerie qui soutient le vitrage, sont des merveilles de finesse et d'habileté. Nos ouvriers valent ceux de toutes les époques, à la condition qu'on leur accorde le temps de bien faire et des matériaux de premier choix. On se fera une idée du luxe qui a présidé à ces constructions en sachant que le seul pavillon du jardinier chef revient à 300,000 francs.

On n'a pas abusé de la prodigalité naturelle à la duchesse de Galliera ; on n'a fait que se conformer à ses instructions, je dirai même à ses instances ; rien de plus. Elle est morte à Paris le 9 décembre 1888, elle a donc tout ordonné, tout surveillé ; la joie des dernières années de sa vie était d'aller à Clamart, d'aller à Fleury-sous-Meudon, de regarder « pousser » les bâtiments dont elle avait étudié les plans et approuvé les devis. Si elle prescrivait des modifications aux projets primitifs, c'était pour embellir encore des constructions déjà très belles. Aux observations qu'on lui adressait parfois, elle répondait : « Allez ! allez ! Si les crédits ne suffisent pas, j'en ouvrirai d'autres. » Un jour qu'on lui disait : « Mais, c'est un véritable palais que vous faites bâtir ; » elle riposta : « Depuis que je suis au monde, j'ai vécu dans des palais, je trouve bon que les pauvres en aient un, et j'ai plaisir à le leur offrir. » Lorsqu'elle allait au bal, elle se parait d'émeraudes historiques, et portait un collier de perles merveilleuses. Cette coquetterie de la richesse, elle l'a déployée dans sa bienfaisance. Sa main, qui jamais n'avait été fermée aux malheureux, elle l'a ouverte plus large encore quand elle a préparé la demeure qu'elle leur destinait. Elle a été à la charité comme à une fête ; avec tous ses bijoux. Nul sacrifice ne lui a paru trop onéreux pour donner à ses œuvres de compassion une splendeur incomparable. Elle a voulu faire ce que nul n'avait fait avant elle. L'hospice Ferrari, la maison de retraite, l'orphelinat et leurs dépendances lui ont coûté quarante-sept millions ; j'écris le chiffre en toutes lettres, afin que l'on ne puisse croire à une erreur.

Quarante-sept millions ; la somme est de poids ; eût-il été possible de la mieux employer ? c'est là une question que je n'ai pas à discuter. La duchesse a fait de sa fortune l'usage qui lui a convenu. Le bien qu'elle a voulu faire reste acquis et dans une proportion hors de pair. Au courant de l'été dernier, j'avais eu l'honneur d'accompagner à Rastatt le père Joseph, qui voulait visiter la sépulture de nos pauvres soldats morts en captivité après la capitulation de Strasbourg. Il est président de « l'œuvre des tombes ; » en outre, il dirige trois orphelinats qui recueillent les enfants de la campagne. Pendant notre trajet, je lui parlais des fondations Galbera. Il leva le bras vers le ciel et s'écria : « 47 millions ! Dieu de bonté ! avec cela j'hébergerais et j'élèverais tous les orphelins de France ! » Soit ; chacun fait le bien comme il l'entend, l'important est d'en faire. Si l'exemple donné par la duchesse de Galliera incite l'émulation de quelque millionnaire, il ne sera que juste d'en rendre grâce à l'initiatrice.

En parcourant ces lieux d'hospitalité, de secours, d'enseignement et de compassion, je pensais, malgré moi, au vieux Ferrari, à ce pauvre Crésus qui mourut noyé dans son Pactole, et je me disais que si, dans le monde inconnu qu'il habite, il a pu voir l'emploi que sa petite-fille faisait du trésor qu'il avait commencé d'amasser, s'il a vu les malheureux qu'il repoussait comme un objet de dépense inutile, recherchés, soignés, choyés, par une femme portant son nom, il a dû lever les épaules avec dédain et reconnaître que, par alliance, du moins, sa race était bien dégénérée.

ISBN : 978-1721844951